维创造的珍宝

际象棋战术组合解析

谢 军◎著

经济管理出版社·棋书中心

图书在版编目（CIP）数据

思维创造的珍宝：国际象棋战术组合解析/谢军著．—北京：经济管理出版社，2013．11
ISBN 978-7-5096-2639-9

Ⅰ．①思…　Ⅱ．①谢…　Ⅲ．①国际象棋-基本知识　Ⅳ．①G891．1

中国版本图书馆 CIP 数据核字（2013）第 214040 号

选题策划：海德新　史思旋
责任编辑：郝光明　史思旋
责任印制：杨国强
责任校对：李玉敏

出版发行：经济管理出版社
（北京市海淀区北蜂窝 8 号中雅大厦 A 座 11 层　100038）
网　　址：www．E-mp．com．cn
电　　话：（010）51915602
印　　刷：三河市洵河印刷厂
经　　销：新华书店
开　　本：720mm×1000mm/16
印　　张：11．5
字　　数：206 千字
版　　次：2013 年 11 月第 1 版　2013 年 11 月第 1 次印刷
印　　数：1-6000 册
书　　号：ISBN 978-7-5096-2639-9
定　　价：32．00 元

前言

国际象棋是人类文明智慧的结晶。传说国际象棋是古代人为了避免现实战争中的残酷血腥搏杀决定胜负而创造出来的“袖珍战争”，这样人们就可以通过一种文明的方式进行对抗和较量。由此，国际象棋也被人们称作不流血的战役。

国际象棋对局的核心战斗思想是什么？其实，现代人甚至不需要严谨的历史考证，仅从字面意思上就能将国际象棋的战斗核心思想的脉搏把握个八九不离十。甭说别的，就说国际象棋的名称吧，它的英文表述方式是CHESS，这个单词的原意是“将死对方的王”，采用相同意思来称谓国际象棋的还有俄文和德文等语种。王——这个棋子是全局最重要的，如何在保护好己方王安全的前提下擒获对方的王是贯穿整个棋局的中心思想。对局时一方攻击另一方的王，并想方设法将之成功围剿将杀是国际象棋对局取胜的主要手段。

显然，棋手要想取得棋局的胜利，应该具备超强的进攻能力。而衡量进攻能力高低的一个重要标准，就是棋手敏锐发现战术组合进攻机会，以及在具体执行过程中的精确计算能力。战术组合要求棋手具备超出常规框架的创造性思维和超级电脑一般精确的计算。

记得自己第一次参加国际公开赛，首轮棋的对手是德国的男子国际大师。那时的我不过是一名初出茅庐的无名小将，同男子国际大师同台竞技的场景只在梦里才有过！赛前没有人对这局棋感兴趣，似乎对局还没有发生，棋局的结果就已明晰。可不是吗，把两名棋手的实力进行客观比较的话，这不过是一场实力悬殊甚至可能不需要多大一会儿时间就将呈现棋局一边倒的较量。但是，我充分发挥出中国棋手善于组织进攻、发现战术组合机会的特点，紧紧抓住德国大师王城的弱点发动猛攻，令对手的王城完全暴露在我方的炮火之中。第一次参加国际大赛的中国小将要爆冷门取胜的信息像一阵风一样在赛场中蔓延，很快棋桌边就围了好多人观战，把那位男子国际大师窘得满脸通红直流汗。哈哈，那局棋战术组合弃子进攻再进攻的下法真过瘾呀……

都说棋局千变万化，千古无重局，但是在棋局进程的不同局形中自有内在的规律可以追寻。国际象棋战术组合看似高深难懂，但这种耀眼的进攻能力并非高手独享的赢棋秘籍，或者说理解战术组合规律掌握典型的弃子手法并没有想象中那么难！换句话讲，只要棋手认真分析棋局特点，把一些规律性的因素提取出来进行归纳总结，那么就能像猎手捕捉猎物一样找到棋局中隐藏的战术组合进攻机会。

希望本书能让广大国际象棋爱好者在欣赏棋局佳构独特美景的同时，由浅入深地逐步揭开国际象棋战术组合的神秘面纱。祝越来越多的朋友们不断提高棋艺水平，在弈棋的过程中产生战术灵感，将精彩构思出神入化、淋漓尽致地演绎在实战对局之中！

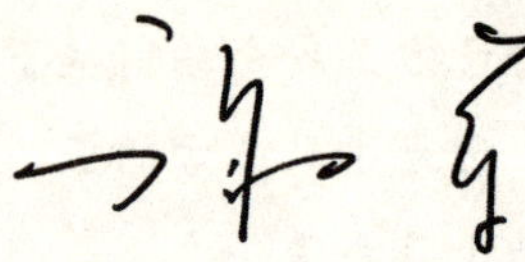

2013年8月1日于北京

目　录

第一章　战术组合特点概述

国际象棋最精彩的部分是什么？看到这个问题，十个会下棋的人中有九个一定答："战术组合。"没错，战术组合是国际象棋最激动人心的组成部分。一步步看似不可能的招法组合在一起，就变成了精彩的乐章，令人看罢不禁拍案叫绝。如果把棋局比作一串精美的项链，战术组合便是项链上最闪亮的钻石。战术组合闪烁着棋手超人的想象力和创造力，是棋手智慧的结晶。

从字面上理解，战术组合实际上由战术与组合两个词语组成。在国际象棋实战对局中，战术指的是一种非常规性的走法，要求的是目标明确，行动快速果断；而组合，则是在实现目标过程中的具体不同招法的结合，或者多种战术结合在一起的体现。战术组合体现在打击对方阵地目标的具体行动当中，与在平稳局势下棋手制订计划后按部就班予以实施根本不是同一种节拍，也与棋手思考及出招的特点完全不是一码事。因此，我们说战术组合是以一种目标明确的快速进攻行动为特点，具有强制性、连续性和弃子在先等特征。

最基本的战术是由威胁和打击两个步骤组成。行动的第一步，进攻方组织调动己方棋子，将攻击点直接或间接地瞄准对手阵地上的某个（或多个）目标；第二步，由于受到进攻的一方只能防范阵地中的某个弱点，顾此失彼，无法对所有受到攻击的阵地进行防护，进攻方收获战术打击成果，实现进攻目的。

根据棋局特征和进攻手法的特点，战术方式包含击双、牵制、引入、引离、消除保护子、堵截、封锁等多种手法。在一些特定的局面下，制造开放线、利用对方底线弱点、打开斜线及制造 X 光射线进攻、摧毁防守方王前阵营、保护小兵升变等战术也在实战过程中出现很多运用的机会。

大多数情况下，战术组合是以一方棋手的弃子招法作为行动的开端。弃子意味着子力的牺牲和己方"武器"数量的削减。因此，这样的行动也意味着如果不能成功实现预期目标，将会遭受巨大的损失。如此一来，对棋手来说，当实施战术组合的局面出现时，既可能是千载难逢的取胜机会，也可能是暗藏杀机的陷阱。是应该选择常规下法还是抓住战术机会乘势而上？棋手的临场计算能力及判断力正是问题答案之所在。或者，我们把棋手的这种技战术能力用更时髦些的文字方式来表述，就是棋手的进攻直觉和战术嗅觉。

对局中，当实施战术组合的机会降临时，棋手如何才能找到正确方向，采取准确行动呢？战术组合最关键的核心环节是发现机会，进行有效思考和计划，进而才能采取正确的行动。下面，我们看一个白方实施战术组合进攻的例子。

图 1

图 1，轮到白方走棋。我们看到此时白方所面临的处境是无法阻拦黑方位于 b2 的兵马上升变。如此一来，我们的脑海里就会形成一个信息概念——白方必须在最短的时间内采取行动，针对黑王发起猛烈攻势。否则，等到黑方的小兵成功升变，白方将会凶多吉少。

通过分析，我们已经清楚地明白了白方的任务，接下来就需要考虑哪里是黑方的“软肋”，这样才能找到进攻目标。

局面的特点是黑王处于底线，白方的车已经入侵到对方二线。这时，执白棋的一方需要寻找的机会就是组织有效进攻，达到将杀的目的。

明确了方向和目标，我们就掌握了这个局面中最核心的信息。接下来的任务就是如何采取行动。

1. 马×f6+！ g×f6

黑方无奈接受白方的弃子。如果黑方此时选择躲王走 1. … 王 h8，将遭遇到白方 2. 后×h6+！（图 2）。

图 2

如此一来，棋盘上的第七横线被彻底打开，后面的变化将是：2. … g×h6　3. 车 h7#。

2. 后×e6+ 王 h8　3. 后×f6+ 王 g8　4. 后 f7+ Kh8　5. 后 h7#

白方成功将杀黑王，取得胜利。

白方的进攻一气呵成，1. 马×f6 弃子这步棋看起来很精妙，实际上不过是白棋通过局面分析之后采取进攻的突破口。找准了方向，战术组合并没有人们想象中那么复杂！

那么，白方执行的是哪种战术组合达到成功将杀黑王的目的呢？老实讲，很难归类。因为在很多类似局面中只有一个共同的特点，就是通过棋子打开防守方王前阵地，最终达到直捣黄龙的目的。因此，我们在学习战术组合的知识时，切忌教条死记，而是要寻找棋局当中那些属于共性的特征加以分析，并对进攻的手法进行学习和实践。当然，换一个角度讲，在真实的棋局比赛过程中，我们不仅可能处于进攻一方棋手的角色，也可能"一不小心"就要担负起如何防守的重任。那么，读者们更要学会一种本领，就是建造坚强的防护堤坝，增强安全意识，避免让自己的棋局落入被对方实施战术组合的境地之中。

棋手发现战术组合机会是一种能力。国际象棋史上第八位男子个人世界冠军塔尔当年就是通过自己超人的进攻能力击溃群雄成功登顶。与其他世界冠军大多采用的局面型稳健下法不同，塔尔采用了一种完全特殊的、令人眼花缭乱的战法。塔尔就是为了攻势下法的国际象棋而生，各种合理或者不合理的战术组合招法充斥在塔尔的棋局当中。擅长战术组合的棋手是富有创造性的，需要一种敢作敢为和打破常规的思路，有时就是需要走极端才能发现棋局中的战术进攻机会。

棋局摆在那里，战术机会就隐藏其中！当我们嗅到战术进攻的机会时，有时棋局实在太复杂，棋手根本无法把全部的后续变化都计算清楚。下一步棋应该怎么办？敢果断下手弃子吗？弃子以后能不能确保胜利？一连串的问题等待着棋手去回答。

图 3

接下来我们看一个塔尔的对局片段，共同欣赏这位以擅长弃子进攻的棋王留下的杰作。

这是 1970 年塔尔在一场国际比赛中的实战对局。塔尔执白，图 3 是对局经过了十个回合之后形成的局面。

审视棋图，我们可以发现白方在前面的进程中已经弃掉一子，目前处于背水一战的境地。塔尔用他一贯的无畏战斗精神，继续对着黑方的阵营冲锋。

11. B×g6+ h×g6　12. Q×g6+ Ke7

13. Nc4（图 4）

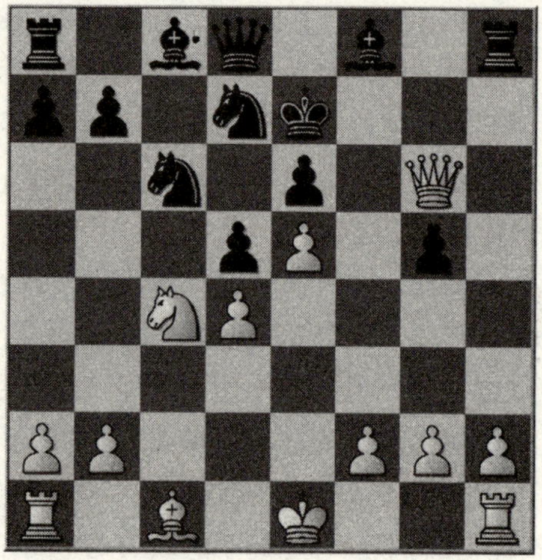

图 4

白方再次气势汹汹地将自己的棋子走到对方的“嘴巴”里。此时，白方另外一种选择是 13. Ne4，但是经过 13. … Nd×e5　14. d×e5 Kd7　15. Nf6+ Kc7　16. Q×g5 之后，因为黑王已经转移到相对安全的位置，所以白方弃子未能获取优势局面。

13. … Bh6??

面对白方凶猛的弃子，面对塔尔显赫的盛名，执黑棋的选手临场没有找到最佳的防守方案。现在，黑棋应该采用 13. … Nd×e5 送还棋子的方式进行防守。以后的变化可能是：14. B×g5+ Kd7　15. N×e5+ N×e5　16. d×e5 Bb4+ 17. Kd1 Qg8，黑方能够获得安全的局面。

14. B×g5+ B×g5　15. Qg7+ Ke8　16. Nd6#

成功将杀黑王，白胜。

白方能够取胜多少有些侥幸因素，对不对？当我们看到黑方应对出现失误的时候，不自觉地产生这样的想法。其实，在实战对局中发生这种情况是非常正常的！毕竟人不是机器，人在思考过程中会受到各种因素的限制，难免出现这样或那样的错误判断。回到图 3 的局面，如果黑方应对正确，白方不足以获取优势，但仍将是一盘复杂对攻、充满激情的对局。因此，从这个角度上来看，塔尔用小的损失换取对手犯大错的概率，这样的赌注还是值得下的！整个进攻过程不仅展示了塔尔坚定的攻王信心和凌厉的进攻手法，也涉及防守方在压力面前如何精确应对的问题，是一个非常能够说明比赛临场真实发生事件的例子。

对局过程中，棋手选择弃子无疑是一项重大的决定。无论是进攻的一方还是防守的一方，在复杂局面出现的时候，都要保持镇定的心态，这样才能有助于棋手找到最精确的招法。从某种意义上讲，当战术组合出现时，棋局进程将在瞬间产生质的改变。实施战术弃子手段，有时可以清楚计算出棋局的进程；但在形势复杂难以判断清楚的时候，棋手如何权衡利弊敢于放手一搏，也是需要综合各种因素一起来考虑才能做出决定。

让我们再来看一局塔尔执白攻杀入局的进攻佳作。

图 5，白方应该采取什么样的进攻方式呢？黑王目前看起来情况还不错，白方存在一举攻破王城的机会吗？在一个看似平淡的局面中，塔尔发现了进攻的途径。

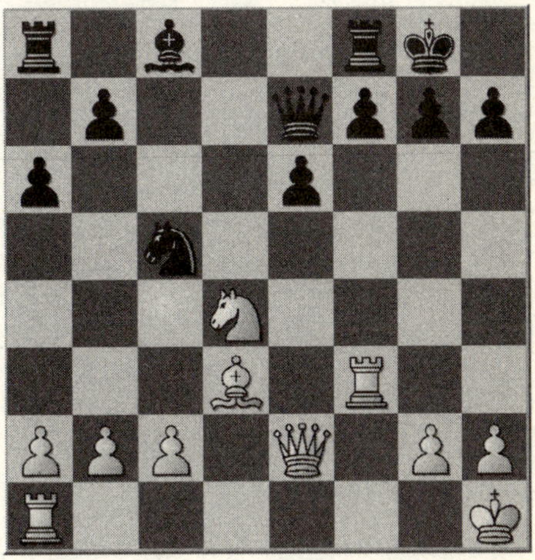

图 5

17. B×h7+！K×h7　18. Rh3+ Kg8

白方先用弃子打开 h 线，接着把车调到这条开放的线路上来，但是，似乎这样的进攻还欠缺了什么。因为，假如白方此时采取将更多的棋子直接布置到 h 线上继续进攻，将会遭遇到黑棋顽强的防守。例如：19. Qh5 f6 20. Qh7+ Kf7　21. Qh5+ g6　22. Qh7+ Ke8　23. Q×g6+ Qf7，白方的攻王没有更佳的后续手段，黑方子力上的优势具有决定棋局胜负的作用。白方的进攻还能继续吗？临场中，执白棋的塔尔找到了最强的走法。

19. Nf5！（图 6）

黑方当然不能走 19. … e×f5，因为白方可以 20. Q×e7，黑方将丢后。因此黑方只好将后走到其他位置上。

图 6

19. … Qg5　20. Qh5！（图 7）

白方把后面的变化都计算清楚了，否则弃子之后再选择把后这个棋盘上威力最大的棋子兑换掉，白棋进攻就没有能量了。

20. … Q×h5　21. Ne7+ Kh8

22. R×h5#

精巧的将杀佳构。白方充分利用了黑方子力之间缺少配合的不利因素，精确实施进攻，取得了胜利。

建议大家多看看塔尔的棋局。他的对局中充满了才华横溢的战术组合，超出常规的思路和下法令对手和旁观者目瞪口呆，无疑也会令广大国际象棋爱好者受益！

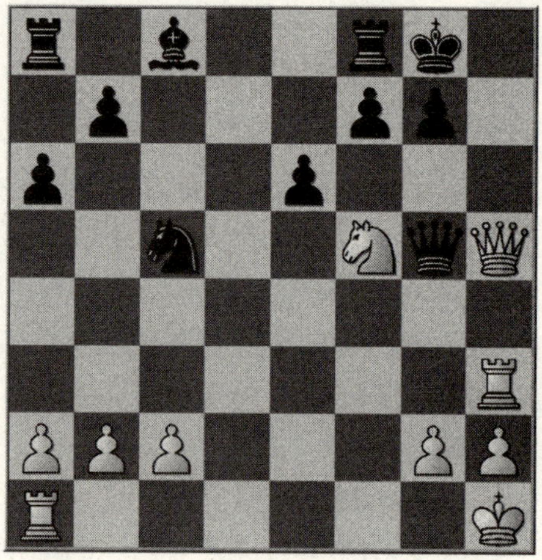

图 7

第二章　锁定进攻目标是战术基础

棋手采取战术弃子手段进攻的时候，最重要的是集结有效力量，瞄准对方阵地上的弱点实施行动。也就是说，要把进攻目标确定好，要把自己有限的进攻力量集中在攻击目标上，而不是分散力量行动。

战术组合弃子行动最讲究目标集中，这一点与那种局面型全局作战的下法有天壤之别。弃子后，进攻方一定要集中火力进攻对方阵地中的重要部位，千万不要一会儿看到这个目标攻几下，一会儿又将自己的棋子调动到棋盘的其他区域采取更多目标的行动。这样的分散力量进攻方式，只会让防守方得到喘息时间，得到重新调动部署自己棋子的机会。如此一来，实施战术组合弃子手段的一方，最终将会由于子力数量的劣势造成难以为继的后果。

棋盘上最大的攻击目标当然是王。因此，平时训练要有意识地加强将杀王的练习。量变产生质变。当棋手进行了一定数量的将杀练习之后，就会发现自己的攻王感觉变得比过去敏锐了很多，能够快速发现棋局当中攻王的机会。

不同的棋手棋风也不同。有些喜欢开放性的局面，有些擅长局面型迂回作战。风格的不同使棋手接触不同局面棋局的频率也不太一样。通常，我们说喜好开放性局面的棋手擅长攻杀，而局面型棋手在稳健的缓慢棋局进程中如鱼得水，更容易找到行动的步调。但是，作为一名棋手，不管你的棋风属于哪一种，将杀王的练习都不能放松。成功将杀一方的王是决定对局成败的最为直接的方式。具有敏锐的攻王嗅觉，才能在机会降临的时候果断出招，不轻易错过机会。同样，如果棋手拥有高水平的攻王能力，处于防守位置时同样可以将这种对王的直觉转变为防守能力，这样才能避免在防守时将自己的王暴露在对手的火力攻击之下，减少导致危险的隐患。

将杀王的练习应该由浅入深，循序渐进。先从最简单的一步杀练起，然后增加难度，逐步完成两步杀、多步杀的级别练习。练习的时候，要注意不仅选择白方将杀的局面，还要适时更换棋子颜色，挑选黑棋将杀白王的练习。这样做的目的在于帮助棋手建立开阔的棋局视野，避免造成只对某一种颜色的棋子产生偏好，而对另外一种颜色的棋子没感觉。

同样，在将杀练习的难度设置方面，当棋手通过初级的一步杀练习之后，从两步杀开始，既要做好连续将军杀王的习题，也要善于将自己的思路“停”下来，选择那类先走一步控制性招法（指没有形成将军的招法），在下一步形成绝杀的局面。需要说明的是，“一闲招+一将军”的组合虽然看起来同样是两步杀，但是这种习题的难度将大大超过连将杀王的习题。

我们不妨按照难度把将杀王的习题进行分级：

难度一：一步将杀；

难度二：两步连将杀；

难度三：两步非连将杀；

难度四：多步连将杀；

难度五：多步非连将杀。

作为国际象棋爱好者，达到完成难度三的习题便能基本达到不错过直接将杀机会的水准；达到完成难度四，可以说是达到业余高手的标志；难度五是攻杀型选手和等级棋士水准的要求，在完成习题的过程中，需要接受较大难度的挑战。

下面，我们就按照不同难度的将杀习题进行简要介绍。

难度一：一步将杀

国际象棋最快将杀对局需要 3 步棋，经过 1. e4 g5　2. d4 f6 之后，形成图 8。

针对黑王防城大开的状况，白方此时可以采用 3. Qh5#。

这盘棋由于黑方错误地出动棋子，造成了短短三个回合便被将杀的境地。

如果把图 8 的例子看成是黑方开局失误造成的，那么接下来我们看到的棋图便是可能出现在双方激战之后。

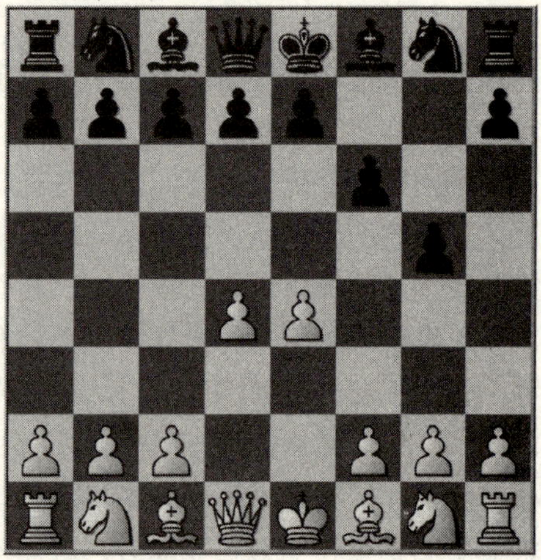

图 8

图 9，轮到白方走棋。假如白棋不能找到快速有效的进攻方案，便会 1. N×d8，黑方走 1. … K×d8，形成白王单车对黑王单马的定式和棋局面。在图 9 的情况下，白方可以采用 1. Ng7#，取得胜利。

看过了图 9 棋盘上棋子所剩不多的例子，我们再一步步把棋局上的“干扰物”增加，看看大家能否抓住棋局要点，排除对无关棋子的注意力，一举将杀。

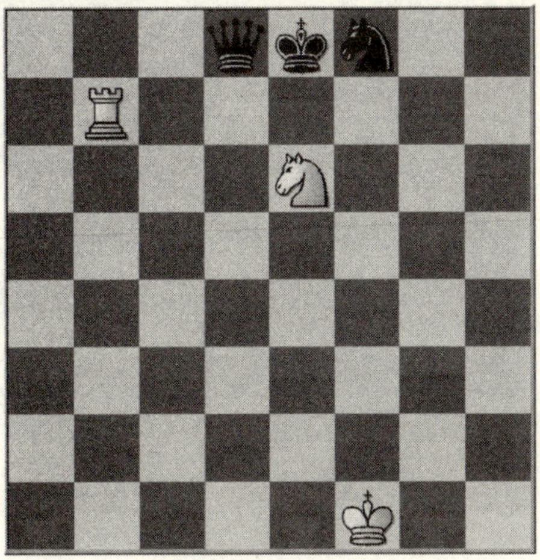

图 9

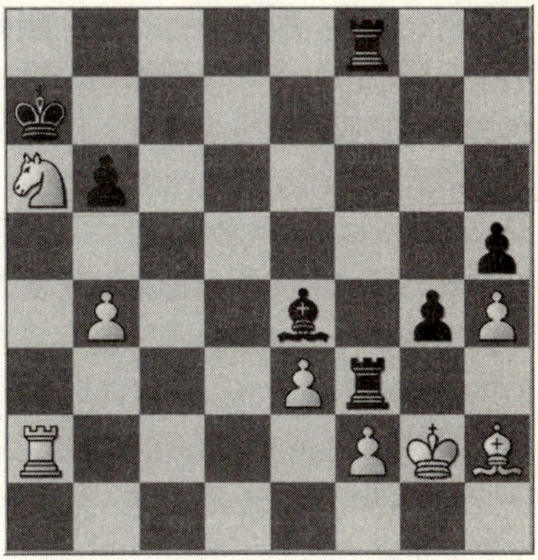

图 10

图 10，黑方棋子数量占优，并且瞄准白王正在组织有效的进攻。但是，此时轮到白方走棋。白方能否抓住时机，成功将杀黑王呢？

经过思考和分析，我们看到白方的车在 a 线畅通无阻，象在 h2 格控制了斜线。如此一来黑方的王城活动区域被白方棋子逐级监控，白方只要把黑王可能走到的 b7 格加以控制，便可以达到将杀的目的。

于是，我们找到了白方最佳的走法：1. Nc5#。

黑王无路可逃，白胜。

看过了白方先走将杀的例子，我们不要忘了转变一下棋子的颜色，尝试完成一些黑棋先走的习题。这样做的目的是增强棋手对棋盘和不同颜色棋子的感知能力，免得只会走某一种颜色的棋子，而对另外一种颜色的棋子感觉陌生。

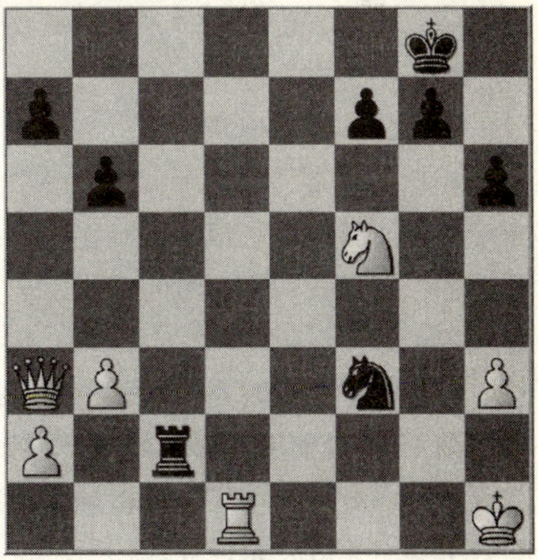

图 11

图 11，黑方的棋子数量落入下风。但是白王被限制在棋盘的角格，可谓位置奇差，黑方可以借助先行之利实施将杀。

1. … Rh2#

白王无路可逃，黑胜。

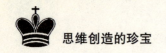

一步杀不仅发生在棋盘上已经存在的棋子范畴，那些潜在的进攻能量都应该在棋手思考的范围当中。例如图 12，假如我们只考虑棋盘上已经存在的棋子，那么我们就无法为黑棋找到能够成功将杀白王的方向。

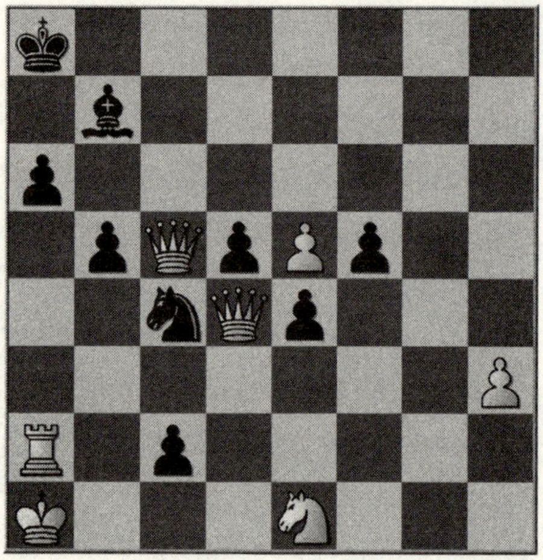

图 12

图 12 中，棋盘上看起来没有棋子能够让黑方直接将杀白王。但是，不要忘记兵的升变功能。所以此时黑方只需要轻轻向前挺进一步小兵，走 1. … c1 车#或者 1. … c1 后#，不管是升变为车还是升变为后，都能保证将白王置于死地。

经过一定数量的习题练习，我们会发现一步杀的习题其实只需要在走棋之后便能达到将军目的的招法中寻找就可以了。没错，在最初进行一步杀习题训练的时候，棋手可以先围绕着如何走一步棋就能将军的思路来寻找一种或多种行棋可能，并通过排除法将不能达到将杀目标的招法剔除掉。但是，这样的方法只是学棋最初阶段找不到棋局重点，缺少思路时的“笨”办法，不是最佳的答题思路。真正答题时，还是需要分析棋局子力位置，找出局面特点，进而找出最佳的进攻方法。

难度二：两步连将杀

相比一步杀，两步杀虽然只增添了区区一步棋，但是寻找正确将杀路线的难度一下子就增添了很多。好在连将杀的特点是进攻方的所有招法都是由将军构成的，因此我们在思考的时候，只需围绕着如何能够将军对方王的那些招法就可以了。

两步连将杀有时是用同一个棋子进攻，有时需要不同的棋子来执行任务。

图 13 的局面中，黑方处于子力数量的劣势，假如不能一举完成将杀任务，将无法与白方抗衡。仔细分析局面，我们发现白王处于一个别扭的位置，黑棋有机会弃子完成将杀任务。

1. … Rd1+ 2. N×d1

白方无法避免被将杀。例如2. Q×d1 B×e3#的变化，黑方同样能够成功将杀白王。

2. … Rf1#

白方底线失守，被闷将杀。

图 13 的例子，我们可以把这样的杀法列入到两步杀的分类当中，也可以根据白方不同的应变方法归入到我们后面章节将介绍的底线闷将杀王、引离、堵截战术当中去。由此可见，战术组合的名称具体是什么并不重要，重要的是棋手能够客观分析棋局特点，找到进攻路线，计算精确，达到有效进攻的目的。

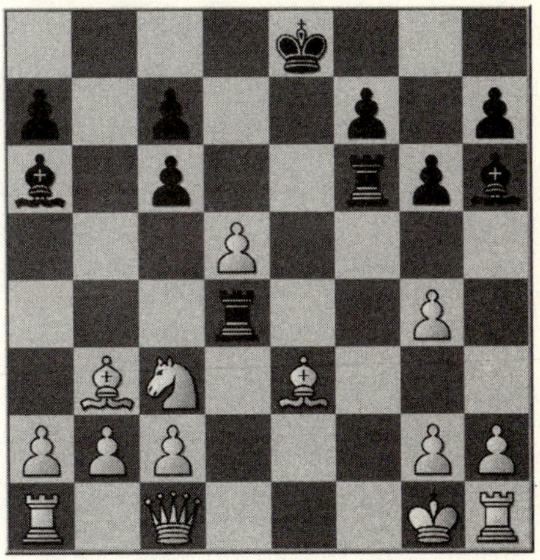

图 13

当我们在对局过程中把行棋目标设定为将杀对方王的时候，所有注意力都应该集中在发现对方王的防守缺陷，找到进攻思路和具体手段上。这时候，棋子的分值和暂时的子力交换得失都变得不重要了，最关键的一点是能不能将对方的王置于死地，将杀成功。

当一方的王成为进攻目标时，棋手需要考虑的就是这个王能活动的区域是什么，我方有哪些棋子可以直接参与进攻，哪些棋子是负责监管对方王活动空间任务的……对于那些己方没有发挥进攻作用的棋子及对方王之外的攻击目标，都不属于我们的思考重心范畴。

图 14

图 14，黑王悬在半空中，白车在 g7 格将黑王退向七线的道路完全限制住，白方的 c4 格象和 d4 兵将黑王通向棋盘第五横线的活动区域也完全封死。现在，白方只需要找到一个有效的将军，便会形成对黑王致命的打击。

当我们将棋局形势的脉络分析清楚之后，白方接下来的招法也自然会“跳”出来：

1. Qe5+ R×e5　2. f×e5#

黑王无路可逃，白胜。

难度三：两步非连将杀

两步非连将杀要求进攻方第一步棋不采取将军的下法，也就是说走完这步棋之后，无论防守方怎样应对，都无法阻挡下一个回合被将杀的结果。

与难度二相比，难度三看起来仅仅是增加了“非”字和第一步棋不能将军的条件。实际上，在这样的条件限制下，习题的难度一下子就提升了不少。甚至从某种意义上讲，一个“非”字的要求令棋手的思路增添了限制的同时，还扩大了进攻的范围。不过，这样的习题类型正是与实战最接近的。因为，在实战对局中，假如处于防守方的棋手面对的是一个即将被连将杀的局面，那么棋手的警觉性一定异常高，会千方百计避免被将杀。而非连将杀的局面则具有很大的欺骗性，往往会不那么显眼，因此也更容易在实战中出现。

下面，我们来看一下两步非连将杀的情况。

图 15

图 15，轮到黑方走棋。分析局面，我们很容易得出棋子数量方面黑方处于下风的结论，似乎能够得到长将和棋就是一个令人满意的结果。但是，习题的明确要求是黑方先走两步非连将杀，所以我们就要千方百计帮助黑方设计能够赢棋的办法。通过认真思考之后，我们发现了一个似乎根本不可能发生的事情活生生地摆在面前，现在黑方只要第一步棋走 1. … h4，那么不管白方接下来怎样应对，黑方都将在下一步棋完成将杀任务！

难以置信，对不对？

有时，我们面对一个不错形势的棋局，难免会把思考重心放在如何制订长远计划及取胜方面。但是，谁承想胜利的机会已经悄然出现了。

图 16 同样轮到黑方走棋。乍一看黑方现在应该走 1. … Bb6，既保护了 c7 兵，又把 f2 格留给马继续实施进攻任务。但是，显然这样的走法不能满足两步杀的要求。正确的招法是：1. … Qg3 威胁下一步棋走 2. … Qh2#。假如白方走 2. h×g4，那么黑方将走 2. … Qh4#，黑胜。

很多棋艺爱好者特别喜欢自己设计棋局，并设定具体的答题要求，这样的习题称作排局。排局的特点是答题思维独特，往往需要棋手绞尽脑汁才能找到方向。

图 17 局面，白方占据了绝对的子力优势，按理说取胜不难。但是在规定的两步非连将杀条件要求下，白方取胜方案需要棋手想出唯一的办法。

图 16

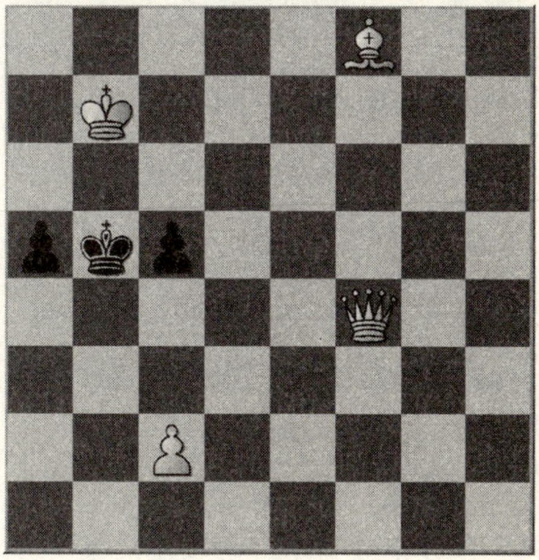

图 17

1. Qe3 a4

黑方另外两种走法同样不能避免在两步棋之内被将杀。例如：1. … c4 2. Qe8#，白胜；1. … Kb4 2. Qb3#，白胜。

2. Q×c5#

白方成功将杀黑王，取得胜利。

难度四：多步连将杀

在我们完成了难度二、难度三的习题之后，很自然地进入到难度四——多步连将杀。在这个阶段的学习任务是提高棋手的进攻方向和计算能力。有了正确的进攻方向，我们就能找到目标；有了精确的计算能力，我们才能确保进攻一环套一环，不会虎头蛇尾。

下面，我们举两个三步杀的例子。实际上，多步连将杀的回合数可能远远不止三步，但是随着大家进攻能力的逐步提高，棋手们会发现，只要沿着正确的进攻方向深入计算，回合数的增加并不会打乱棋手思考的节拍。

图 18，白方先走。白方一气呵成的进攻方案是：1. Qb3+ Ka5 2. Q×b5+ a×b5 3. Ra8#，白胜。

接下来，我们看一个黑方先走的例子。

图 19，黑方抓住白王的弱点，直捣黄龙的办法是：1. … Q×g1+ 2. K×g1 Rdg8+ 3. Kf1 Rh1#，黑胜。

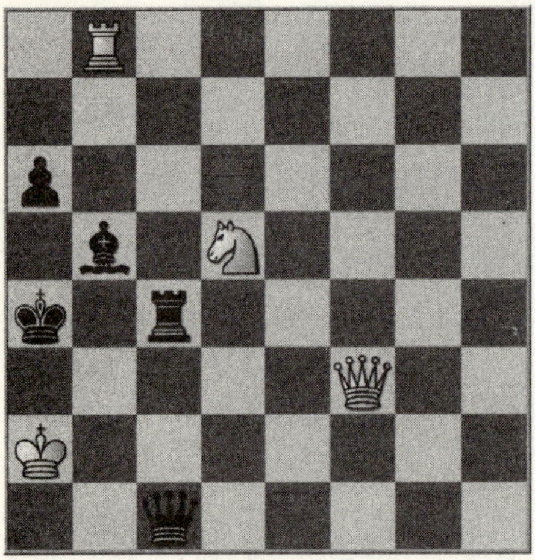

图 18

图 19

难度五：多步非连将杀

多步非连将杀的进攻往往与一些特定的进攻手段相关联，例如下面的例子就是典型的 h7 格弃子进攻的手法。

图 20

图 20，轮到白方先走。看起来局面势均力敌，白方的子力也没有紧紧包围在黑王左右。然而，一切就在瞬间发生了。

1. B×h7+ K×h7

黑方另外一种应对方法也不能达到安全的目的。例如：1. … Kh8 之后，白方可以应对：2. Qh5 g6　3. Qh6 e4　4. B×g6+ Kg8　5. Qh7#，白胜。

2. Qh5+ Kg8　3. Ng5

后和马子力配合的典型进攻方法。黑王被禁锢在 g8 格，无法找到逃生的路线。

3. … Nd4　4. Qh7#

白胜。

掌握将杀王的知识和技巧是棋手进攻能力的基本要求。练好攻杀中决定性的临门一脚，才不会将好不容易得到的取胜局面错过，让努力付诸东流。

第二章习题：

◉ 白方先走，一步杀。（图 21）

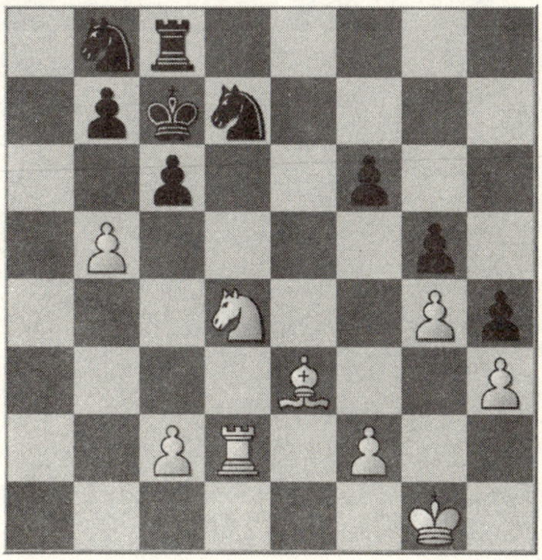

图 21

◉ 黑方先走，一步杀。（图 22～23）

图 22

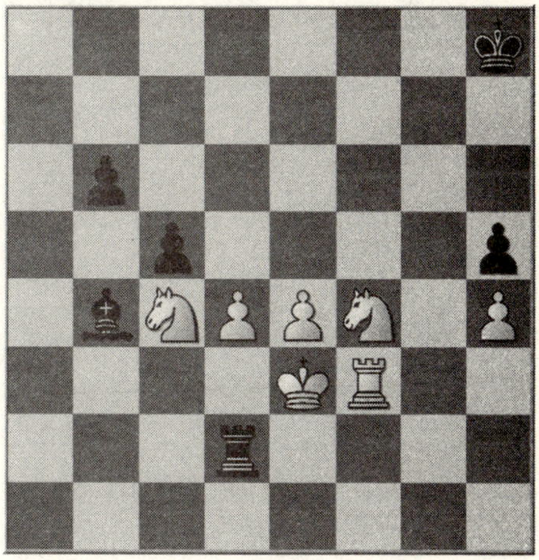

图 23

◉ 白方先走，两步杀，连将。（图 24 ~25）

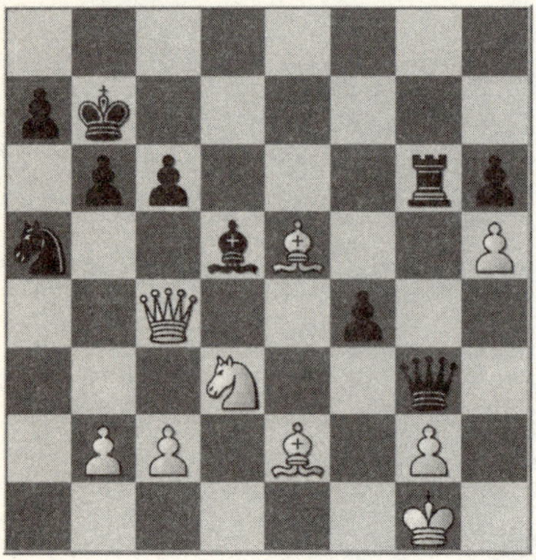

图 24

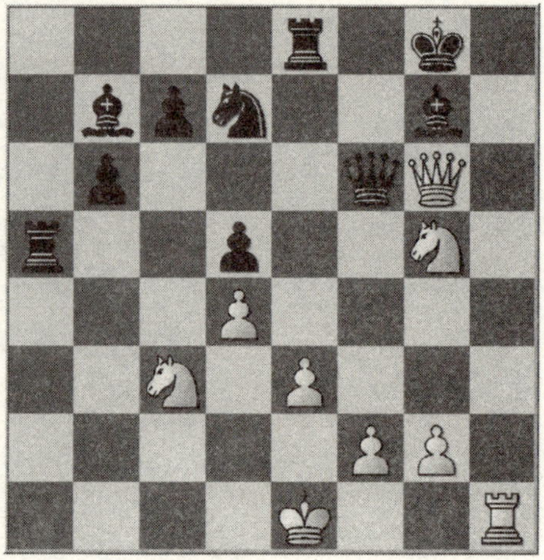

图 25

◉ 黑方先走，两步杀，连将。（图 26 ~27）

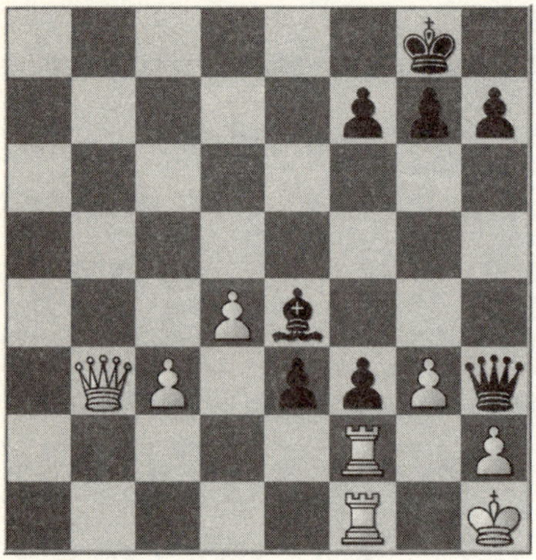

图 26

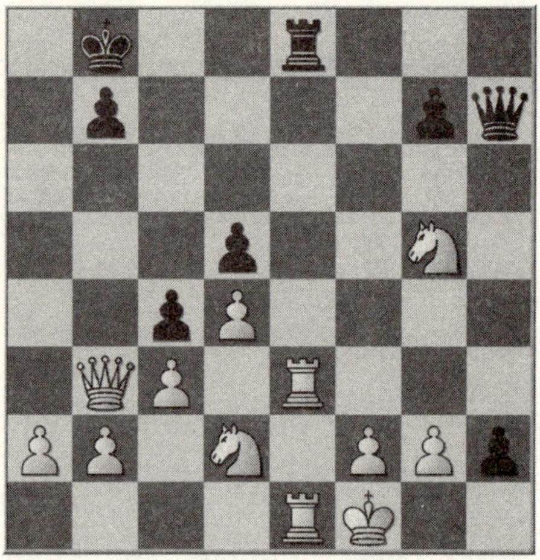

图 27

◉ 白方先走，多步杀，连将。(图 28 ~ 31)

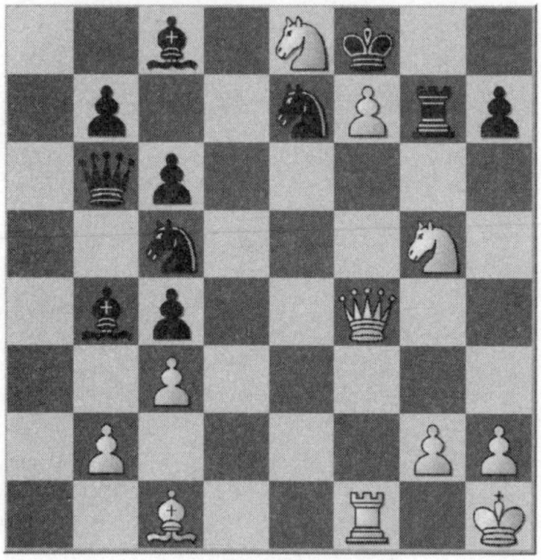

图 28

图 29

图 30

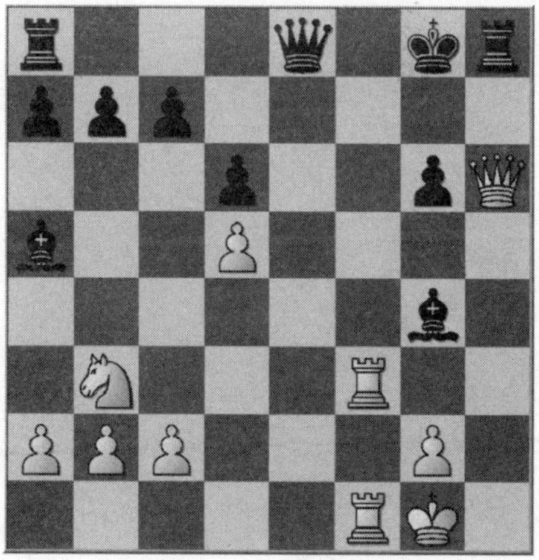

图 31

◉ 黑方先走，多步杀，连将。(图 32 ~35)

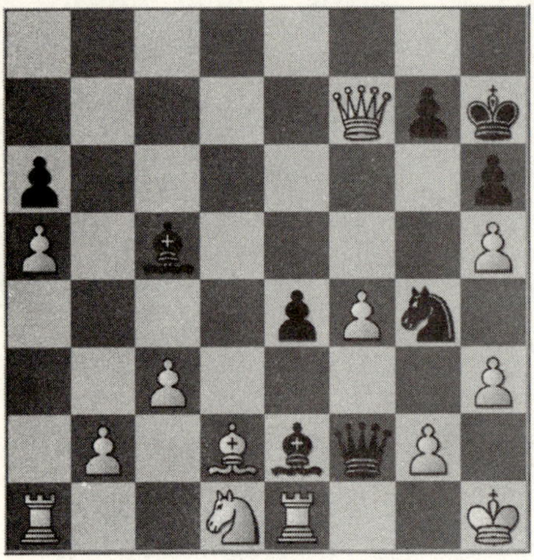

图 32

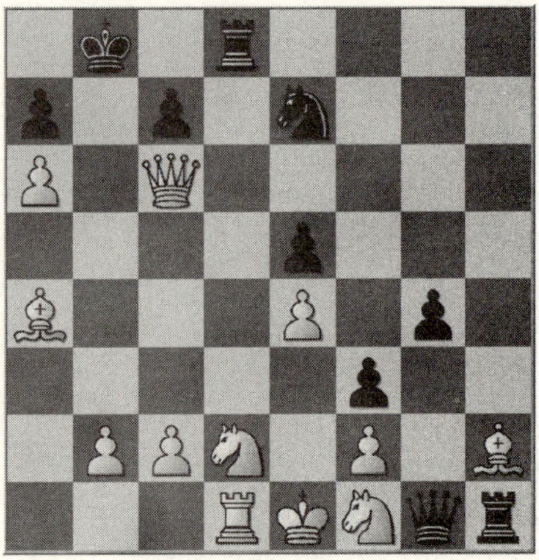

图 33

图 34

图 35

第三章　牵　制

牵制指的是拖住目标，使其不能自由行动。在国际象棋战术组合运用过程中，牵制战术就是用己方的远射程棋子攻击或以连锁性方式攻击、制约对方的某些棋子。由于受到直接攻击，棋子线路（包括直线、横线和斜线）后面有价值更大或没有保护的棋子不得挪动，称为被牵制。

牵制战术发生在具有远射程威力的棋子（后、车、象）身上。这些棋子在直线、横线或斜线上发挥巨大的威力，造成受到攻击方的子力活动受限，从而致使棋局“瘫痪”。牵制战术的目的是令对方棋子丧失活动自由，陷入被动处境，随之进行实质性的进攻，最终围歼对方被牵制的棋子或集中力量攻打对方其他的薄弱环节。作为国际象棋最常见的一种战术，牵制战术的手法在对局中经常出现。

绝大多数情况下，实施牵制战术的一方不需要采取弃子的手段就能达到目的，因此“牵制”有时不被认为是典型的战术进攻手段。但是，鉴于牵制战术是一种典型的特殊进攻手法，有时与其他战术攻击方式相结合，因此我们也把牵制手段归类为战术组合中的一种。

实施牵制，有时进攻方会即时得利，有时达到的是持久的限制对手子力活动自由数步之后才能取得优势，即在长远的战略性行动方案中扮演重要角色。

图 36

图 36，轮到白方走棋。白方子力数量落后，并且还面临着兑换后及 f2 兵受攻的威胁，看起来白方的局面远

远落后于黑棋。幸好，此时黑方的王所位于的h8格以及黑后的f6格与白方位于c3格的后正处于一条斜线上，黑方的棋子正好位于被白方牵制的范围之内。

1. Rd8！

看起来白方送车到黑方的“嘴巴”里，但由于白方位于c3的后在斜线上起到牵制作用，黑方根本奈何不了白方这个送上门来的车。

1. … Q×c3

黑方没有更好的选择。此时如果黑方走1. … Kh7，那么将带来2. R×f8 Q×f8 3. Qd3+ Kg7 4. Q×e2抽将吃掉黑方e2车的结果。如果黑方走1. … Kg7，那么接下来的变化将是2. R×f8 Q×c3 3. Rf7+ Kg6 4. b×c3，白方子力数量占优。如果黑棋走1. … R×f2，白方则应以2. R×f8+，白吃黑方的f8车。

2. R×f8+ Kg7 3. Rf7+

利用将军，白车摆脱受攻的位置。

3. … Kg6 4. b×c3

经过一番子力交换之后，白方获得胜势的残局形势。

我们看到图36的例子中，白方利用后的牵制作用实施了巧妙的进攻。需要注意的是，实施牵制战术进攻时使用远射程棋子，也就是说马、兵和王在牵制战术当中不扮演进攻角色。如果被牵制子后面是王，这时它就完全失去活动的自由，称全牵制。如果被牵制子后面掩护的不是王，而是其他棋子，这时被牵制子为了更高的战略目的或者为了进行战术攻击的需要，可以有意识地弃掉它后面掩护的棋子，或者弃掉被牵制子本身，以摆脱牵制的状态称半牵制。

不要把战术想象成多么复杂的一件事情，特别是牵制战术。重点在于利用对方子力间的不协调，借力打力，发挥进攻作用。牵制战术基本上不需要进攻方实施弃子手段，招法与平常走棋无异，关键在于进攻方能否发现机会。

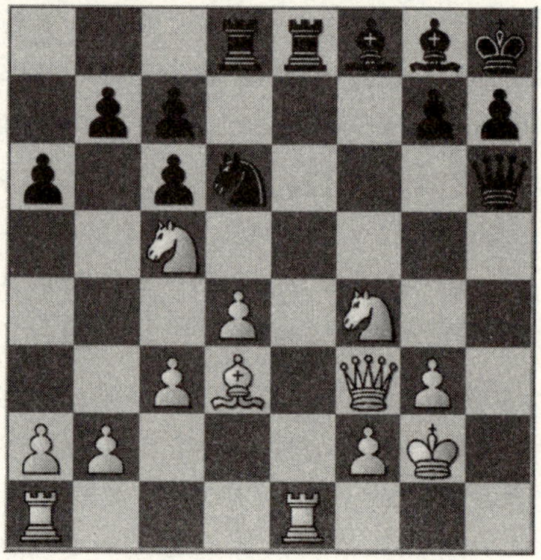

图37

图37局面，白方可以利用牵制战术兵不血刃地获取子力收益。例如经过以下变化1. Rh1 Qf6 2. Ng6+ Q×g6 3. B×g6之后，白方以马换后，胜利在望。

正如我们在一开始就说的那样，牵制战术中进攻方用具有长距离功效的棋子在直线或斜线上直接进攻对方一个棋子，同时却令对方其他棋子处于保护受攻棋子的境地，然后再实施严厉打击。在使用牵制战术的过程中，处于主动进攻的一方要善于用己方价值低的棋子拖住对手价值高的棋子，令对方疲于防守，陷入子力无法脱身的状态。牵制战术是以少胜多的典型体现，也就是说，如果一方被牵制棋子的后面是王或子力价值高于进攻方实施牵制的棋子，那么对方直接受到攻击的棋子便充当了挡箭牌的作用，从而失去活动自由。

像图 37 这样白棋能够顺利实施牵制战术的机会并不多见，毕竟这么直接的打击黑方还会忽视，对于具有一定实力的棋手来说实在是不应该。不过，有些局面中的战术机会很隐蔽，需要棋手练就一双火眼金睛，才能发现取胜之路。

图 38

图 38，轮到黑方走棋。局面给人的第一感觉是白方的子力位置非常被动，特别是位于 h1 的马，实在是距离战场太远了一点。不过，粗看之下也看不出黑方有什么特别明确的进攻路线。难道只能消灭白方 b4 兵，满足于棋局上的子力平衡吗？

仔细研究棋子所处的位置之后，我们发现了黑棋的战术机会！

1. … Rc2！

好棋！利用白方后与王处在一条斜线上被黑后牵制的机会，黑方抓住战机突破。

2. B×c2

即使白方走 2. Qe3 Ne2+ 3. Kf2 Ng4+，也无法挽救失败的结局。

2. … Ne2#

黑方成功将杀白王。

牵制是国际象棋对局中最常用的战术和进攻手段。在开局、中局、残局阶段都会发生。牵制战术的目的就是利用拖住对方受攻目标棋子的手段，限制对方子力活动区域，获得子力优势。

牵制战术在中残局里的运用结果，往往是以实施牵制的一方获取子力优势。需要注意的是，牵制战术实施具有一定的实效性，因此进攻方要抓紧时机实施有效行动。而被牵制的一方，在有条件时可采取相应的方法甚至是弃子的手段解脱牵制。更需要注意的是，如果一方被牵制棋子后面的棋子的价值很低（低于对方实施牵制的那个棋子），那么这样的牵制意义不大。

第三章习题：

◉ 白方先走，利用牵制战术取得胜利或胜势局面。（图 39 ~ 42）

图 39

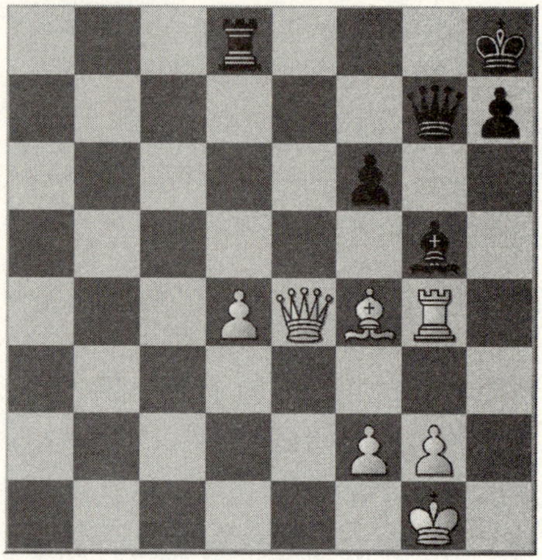

图 40

图 41

图 42

◉ 黑方先走，利用牵制战术取得胜利或胜势局面。(图 43 ~46)

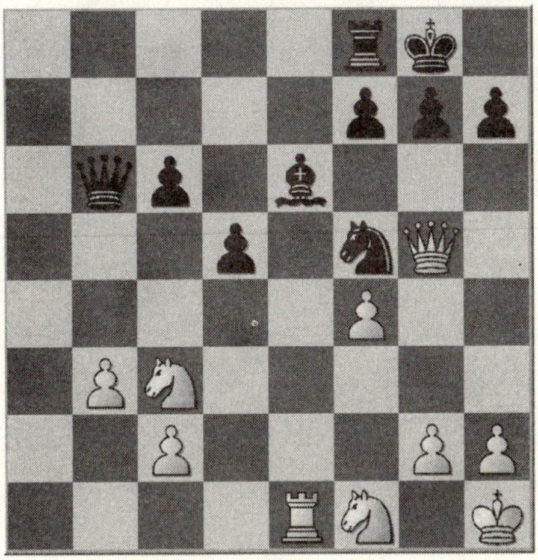

图 43

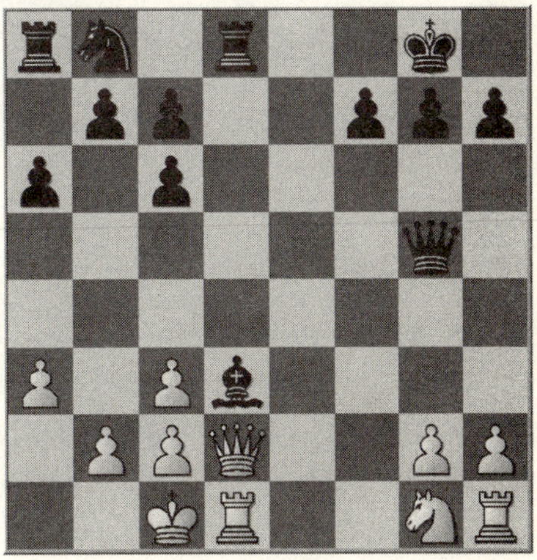

图 44

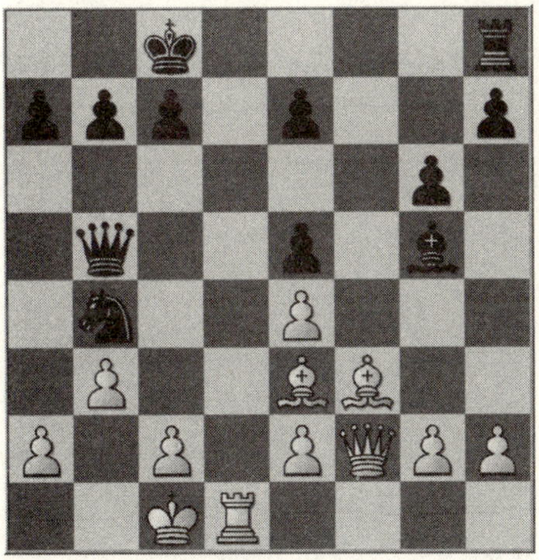

图 45

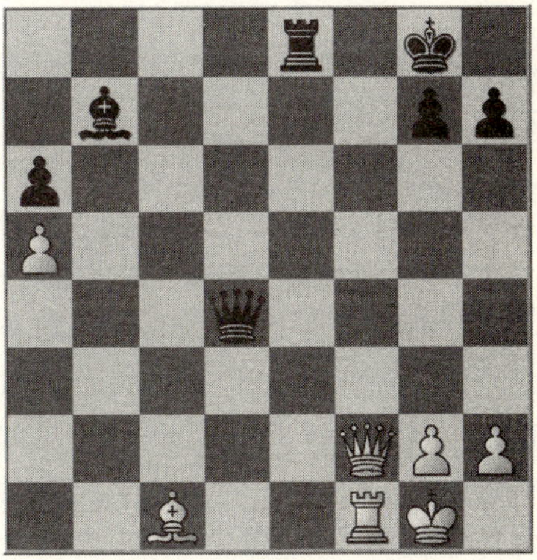

图 46

第四章　双重打击（击双）

双重打击战术也称为击双战术，指的是进攻方走出一步棋之后，一个棋子同时攻击对方两个目标。击双战术的表现方式有很多种，可以同时威胁吃对方两个棋子，也可以是将军的同时威胁吃子，还可以是威胁将杀的同时连带着吃子的打击。此时，受攻的一方因不能同时兼顾两个受攻目标的防守任务，面临必然受损的结局。成语“一箭双雕”很好地表现出击双战术的含义。

实战对局中，击双战术经常发生。进攻方实施击双战术，可以选用棋盘上任意一个棋子。例如伴随着兵的挺进，看似微不足道的小兵同时攻击相邻线路上的对方棋子；或者，在残局中一方的王位于主动位置，可以同时进攻到对方的两个棋子。此时，这个看似时时需要其他棋子保护的王竟有很强的进攻能力。

双重打击战术可以是一方走棋之后即刻产生攻击效果，也可能是通过一连串强制性招法之后演变的局面。

图47，轮到白方走棋。仔细分析局面，我们会发现白方的子力数量落入下风，因此如果按照常规的招法行棋，白方暂时处于主动位置的优势将被黑方棋子数量上的优势逐渐替代，局面将朝着对黑方有利的方向发展。

图 47

如此一来，我们就得出了白方必须千方百计抓紧时机采用强制性走法才能与黑棋抗衡的结论，我们就要从找到强制性招法的角度来替白棋思考。首先映入眼帘的是白方 1. Bd5+将军，这步棋可以达到强迫黑方应对的目的。但是黑方走了 1. … Kh8 之后，我们无法为白方找到有效的后续手段。

否定了一个变化可能之后，新的问题摆在眼前。白方应该走哪一步棋才能达到目的呢？经过分析，我们发现了下面的招法。

1. R×g7+ K×g7

黑方当然要把白车吃掉。如果走 1. … Kh8，那么将迎来 2. Rh7+ Kg8 3. R×g6#，白方将杀黑王的变化。

2. B×d4+ Q×d4

即便是看到了接下来不利的变化，此时黑方也只好消灭白象。总不能走 2. … Rf6，让白棋走 3. B×c3，白白丢后。

3. 马 e6+ 王 f7　4. 马×d4

白方子力占优，取胜不难。

回顾图 47 引出的整个变化过程，我们可以发现白方系列弃子和子力交换的核心是达到最终击双战术目标，从而抽将吃掉黑方的后，获取子力优势。其实，很多战术都具有这样的隐蔽特点。正如图 48 的例子一样，棋局刚刚几个回合，白方就获得了通过运用击双战术获得子力优势的机会。

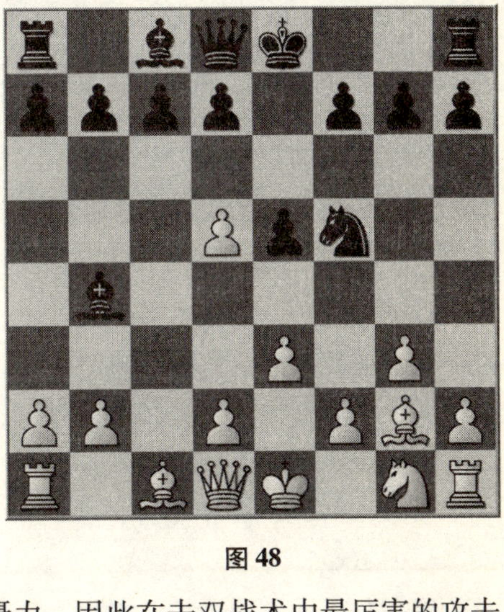

图 48

1. Qg4

怎么回事？白方简单出后就能产生击双的效果，真是令人难以置信！没错，战术机会贯穿全局的每一个瞬间，棋手任何时候都不能产生麻痹大意的侥幸心理。一步 Qg4 同时攻击黑方的马和象两个棋子，而黑方只能求得其中一个逃跑，无奈放弃另外一个。白方在开局阶段便获取了子力优势，胜利的曙光就在前方。

与威胁将杀王相联系的进攻最具威慑力，因此在击双战术中最厉害的攻击手段还是把对方的王作为多个进攻目标当中的一个。

图 49，轮到黑方走棋。此时虽然白方多了一个兵，但是子力位置消极，处于防守态势。不过，如果黑方不能找到有效的进攻手段的话，白方尚能维持局面。毕竟棋盘上所剩子力不多，黑方组织进攻的“花样”还多吗？

1. … Rf2!!

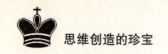

好棋！黑方抓住棋局的核心，果断弃后！现在，白棋一边面临着后被攻击，另一边还要担心 2. Q×e1 Rh2#被将杀的后果。黑棋走出了强劲的 1. … Rf2!! 之后，白棋陷入无法防守的境地。

击双战术经常发生在那些看似复杂的混乱局面中，进攻方采用了超常规的弃子手法达到双重攻击（甚至是多重攻击）的效果。

图 50，轮到黑方走棋。粗看之下双方的棋子纠缠在一起，一下子难以找到清晰的进攻思路。但是，仅仅两个回合之后，白方阵营中的问题就全面暴露出来了。

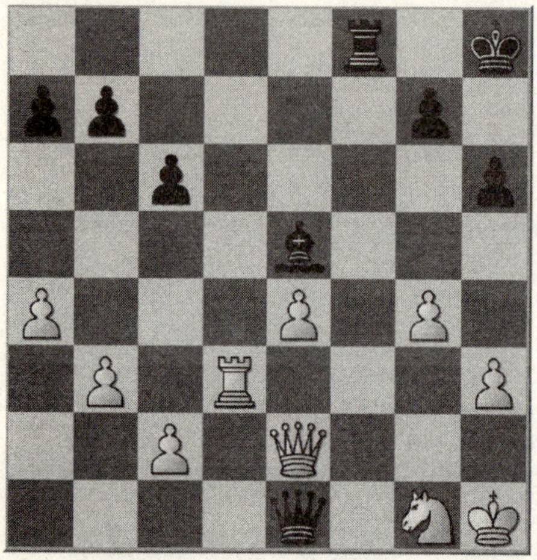

图 49

图 50

1. … B×c4　2. Q×c4 Ne3!!

非常典型的马的击双战术手法！往往棋手思考的时候只会注意到自己阵地当中的某个弱点。由于视野不够开阔，从而忽视了其他部位受到攻击的可能。

3. f×e3 B×e3+　4. Kh1

如果 4. Bf2 B×g5，黑方也获取了子力优势。

4. … B×g5

黑方获得了子力优势，取得胜势局面。

第四章习题：

◉ 白方先走，利用双重打击战术取得胜利或胜势局面。（图 51 ~54）

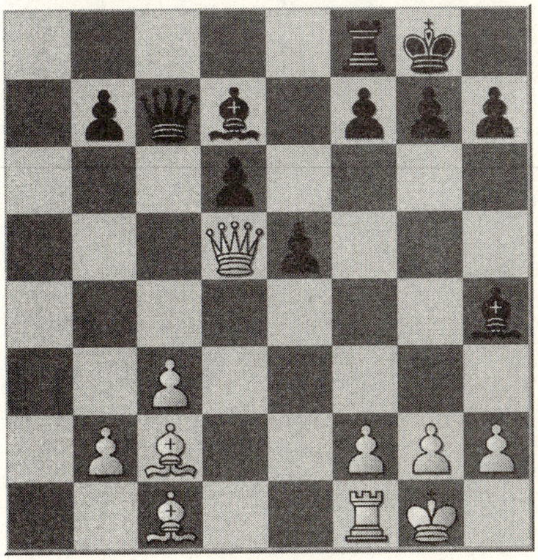

图 51

图 52

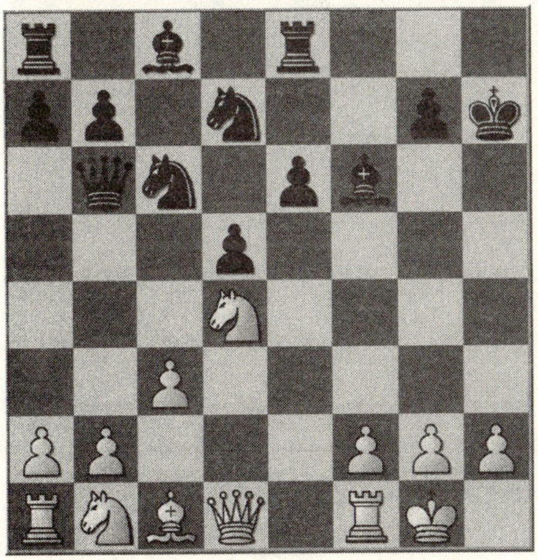

图 53

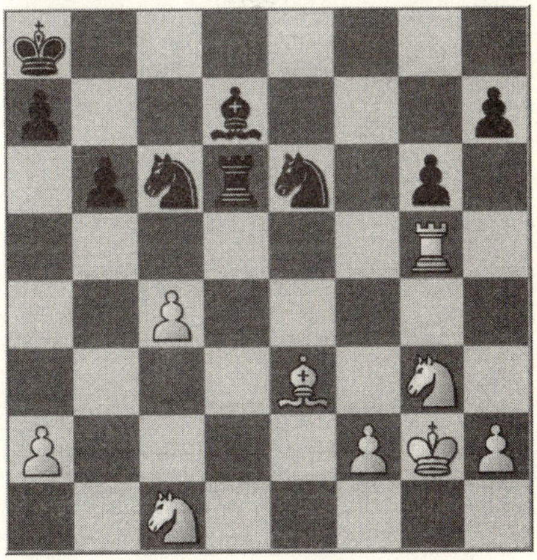

图 54

◉ 黑方先走，利用双重打击战术取得胜利或胜势局面。(图 55 ~ 58)

图 55

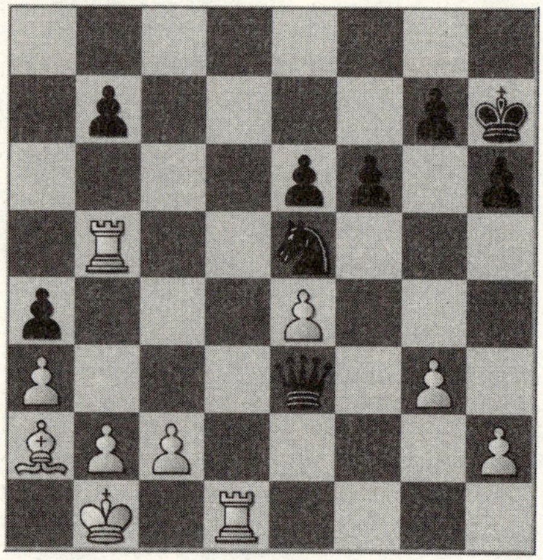

图 56

图 57

图 58

第五章 引 入

把“请君入瓮”与“瓮中捉鳖”用于形容国际象棋的引入战术真是太恰当了。引入战术指的是一方采取强制性的弃子手段，将对方某个棋子从安全的位置强行引入不利位置，或者是将对方的王引入危险位置予以攻击。引入战术的目的在于强行将对方子力逼到不利的位置，在这个不利的位置上对方的这个棋子将失去与己方其他棋子之间的协同联系，从而被进攻方所消灭。

引入战术不仅仅是把对方的棋子引到一个不利的位置，引入是一种手段，是实施最后一击的美妙前奏，最终致命一击，夺取胜利局面才是整个战术的最终目的。实战中，引入战术常常与捉双、双重攻击、堵塞、拦截、消除防御等其他战术结合起来使用，将对方受攻的棋子逼入歧途，为最后胜利创造条件。

总而言之，执行引入战术的中心思想非常明确，就是通过强制的手段把对方的重要子力从一个安全的位置逼迫到己方的火力攻击范围的危险位置中，为最后的进攻创造条件。下面的棋局形势，让我们见识了一番引入战术的威力。

图 59

图 59，轮到黑方走棋。假如此时黑棋走 1. … Q×f2，则会遇到2. R×f2 g5 的变化，至此形成双车对车马的残局，正常情况下黑方没有取胜机会。

分析了局面之后，我们发现白方的 f2 后不仅正邀请黑方进行兑换，同时起到了很重要的防守作用，使黑方的子力行动自由受到了限制。例如黑方走 1. … Qe4 保持斜线上的牵制，则会遭遇到白棋 2. Re1 的回击。那样的话，由于黑棋底线王的安全问题，棋局将陷入困境。于是，我们得出这样的结论：黑方如果找不到有效的直接入局手段，那么只好接受兑换皇后的均势残局。

再深入进行思考，黑方一定会将攻击的注意力集中在白方位于 h1 的王身上。白王看似安全无忧，黑方应该运用什么样的方法才能把这个王给请出来呢？

1. … R×h2+!

黑方弃车。鉴于白方 g2 车被黑方 f3 后牵制，白王只得御驾亲征。

2. K×h2

白方的王陷入到一个暴露的境地。黑方更猛烈的进攻接踵而至。

2. … Qh3#

黑方成功将杀白王，取得了胜利。

记住，战术特指通过特殊走子方法把对方某个棋子引到特定位置，从而达到预期的目的。进攻方通常需要采取弃子或非等价交换子力的方法，以强制性手段将对方某个棋子引到不利位置。这样的进攻有时是以获取子力物质优势为目标，有时则直接将对方的王引入一个足以致命的“陷阱”之中。

图 60，白王位于 h1 格——棋盘的角落当中，黑方能够找到有效的进攻办法吗？

学习了上一个例子，再来看这个局面时，我们很容易找到进攻思路，剩下的任务就是用更多的时间再次检验一下我们的思路是否正确而已。

1. … Q×h2+!

黑方利用弃后强行突破的手法将白方位于 g2 格的车“请”走，接下来就变得简单多了。

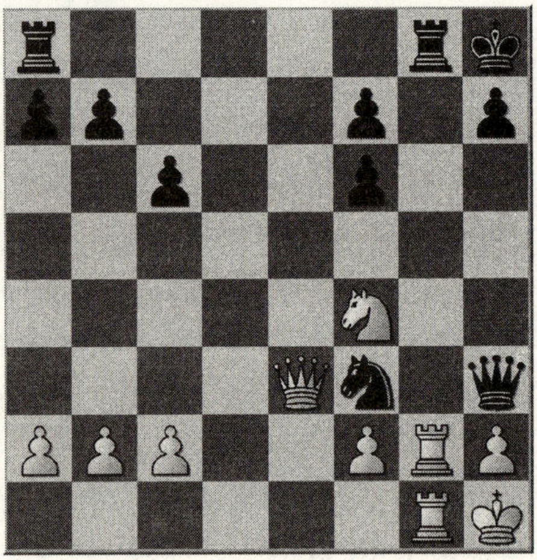

图 60

2. R×h2 R×g1#

黑方成功将杀白王，取得胜利。

除了围绕攻王实施引入战术之外，通过将对方价值高的棋子强行逼到一个危险受攻的位置，从而围而歼之，也是引入战术最常见的适用范围。

图 61，白方暂时处于子力数量落后于黑棋的状态。目前白方位于 h5 格的马正受到攻击，假如仅仅采用消极应对的方式将马走到安全位置上的话，那么局面发展无疑对黑棋有利。经仔细分析后，我们发现白棋可以通过引入战术将

棋局转换到一个多兵残局当中。

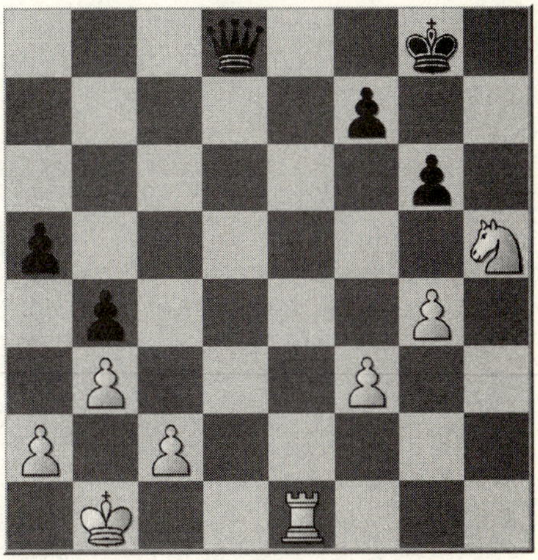

图 61

1. Re8+! Q×e8

白方强行将黑后引到 e8 格，目的在于实施双重打击战术。跃马将军的同时抽吃黑方的后，从而达到用车马换后的目的。

2. Nf6+ Kf8 3. N×e8 K×e8 4. c4

形成多兵残局，白棋获得胜势局面。

棋局出现战术打击时，很重要的一个特征就是以价值高的棋子换取价值低的棋子，于是令人形成了非以大换小、非等价子力交换就不能称为战术妙招的错觉。这样的错误印象，也造成了棋手错失棋局过程中实施战术组合的情况发生。

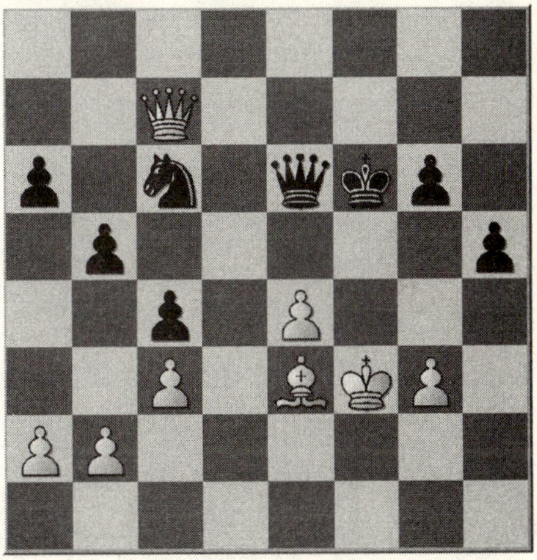

图 62

图 62 是一个实战局面。白方没有想到实施引入战术，走 1. Bg5+! K×g5 2. Qf4#将杀黑王，而是选择了其他走法，从而错失胜利的机会。当问其为什么没有发现 1. Bg5+这步棋时，棋手的回答非常有意思："如果 g5 格中有一个黑兵，我也许就会发现弃子的好棋了!"

战术组合是围绕进攻核心目标来设计并实施的，而不是根据某项具体特征来判断是否存在战术攻击机会。引入战术的思考重点正是在于能否将对方的受攻目标从安全位置强行逼入绝境，进而实施决定性的一击。因此，棋手更要擦亮眼睛，不要被棋局中的表面现象所迷惑，错过隐藏深处的机会。

第五章习题:

◉ 白方先走，利用引入战术取得胜利或胜势局面。(图 63 ~66)

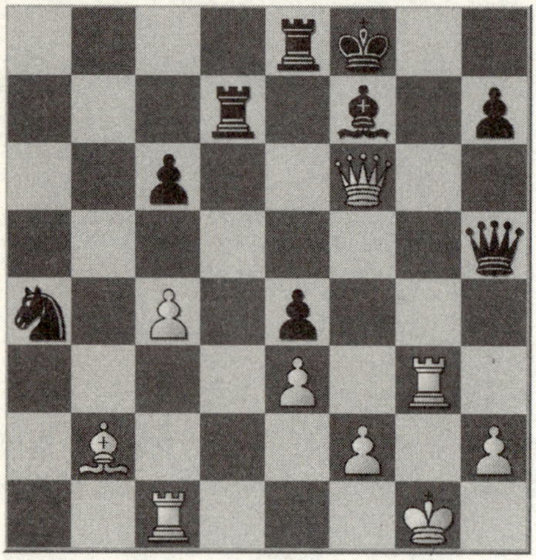

图 63

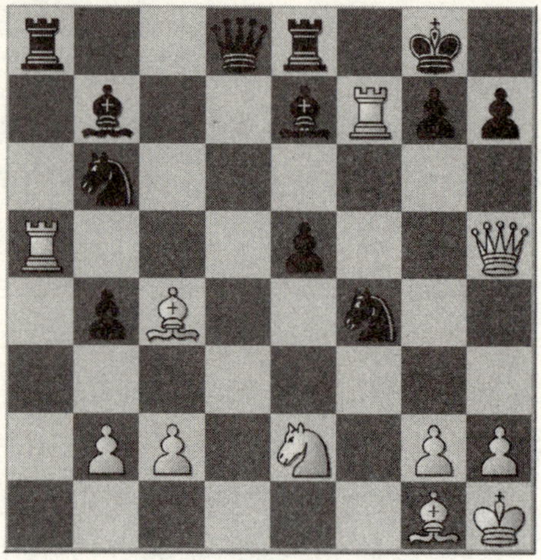

图 64

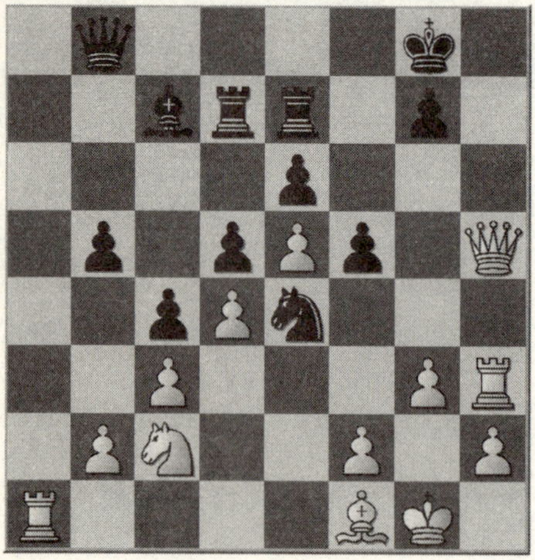

图 65

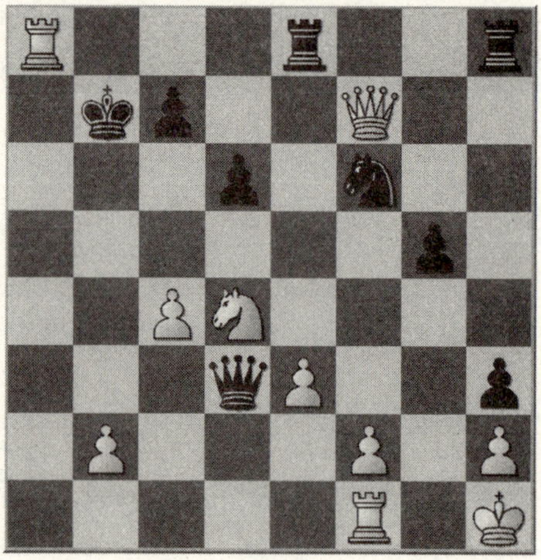

图 66

◉ 黑方先走，利用引入战术取得胜利或胜势局面。（图 67 ~ 70）

图 67

图 68

图 69

图 70

第六章　引　离

国际象棋战术中，有一个与引入战术相关的手法，叫做引离战术。需要注意的是，引入与引离两个战术的攻击路径恰恰相反。引入战术的行动目标是将对方的棋子引入包围圈，而引离则是把对方正在担负重要防守使命的棋子强制轰走。也就是说，引离战术弃子的目的是为了驱逐对方阵营中正在保护某个重要目标的子力。与引入战术相同之处在于，引离战术是进攻方实施最终进攻行动的前奏，目的是驱逐对方防守保护子力。达到目的之后，再使用其他进攻手段完成摧毁攻击目标的任务。

战术手段的实施总是与弃子紧密相关联的，并且往往弃子是针对进攻的主要目标。但是在运用引离战术时，我们在构思时却需要运用逆向思维的方式。因为引离战术是以强制的手段把对方某个关键位置的棋子引开，令这个发挥重要防守作用的棋子远离“岗位”，然后再集结己方子力去攻击最终的目标。记住，引离战术的目的在于将对方把守重要位置的棋子强行赶走，而不是要消灭这个棋子。也就是说，引离的对象不是进攻目标。这正应了古人那句话——螳螂捕蝉，黄雀在后。

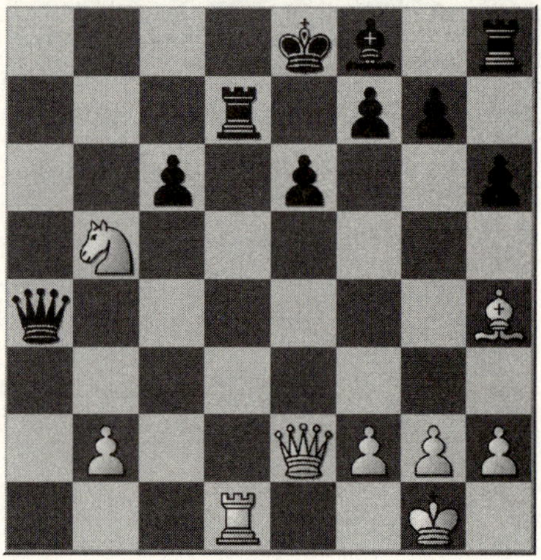

图 71

图 71，白方先走。通过分析，我们可以看到白方在棋子数量上处于下风，所以白方肯定无法按照常规模式调兵布阵。白方的有利之处在哪里呢？无疑是巨大的出子优势以及黑方仍然处在中心的王。因此，白方必须利用黑方子力位置不佳的劣势，抓紧进攻节拍，实施强攻。

再深入分析，我们发现白方面临的问题是黑方位于 d7 格的车阻挡了白车前进的线路，那么下一步应该怎样行动呢？

1. Nc7+！ R×c7

白方利用弃马的引离战术将黑车强行从 d 线上引开。为了避免一步棋就被将杀，黑方不得不“主动”用车吃马，让开了防守的重要通道。

2. Rd8#

白车在 d 线上畅通无阻，成功将杀黑王。

当棋局处于开放状态，双方的棋子相互纠缠在一起的时候，棋手比较容易发现对方的哪个棋子“碍事儿”，进而想办法让那个碍事儿的棋子挪个地方。但是，当棋局形势不那么明朗，进攻思路不那么明确的时候，棋手又应该怎样发现问题的核心呢？发现对方局面中所存在问题的要点是客观分析棋局的能力。棋手要用抽丝剥茧般的耐心去分析棋局要素和特征，特别是要想办法回答以下问题：我想做什么？对方哪个棋子妨碍我达到目标？

我们通过分析下面的例子，试图沿着思路轨迹令棋局形势中隐藏的引离战术机会自动浮出水面。

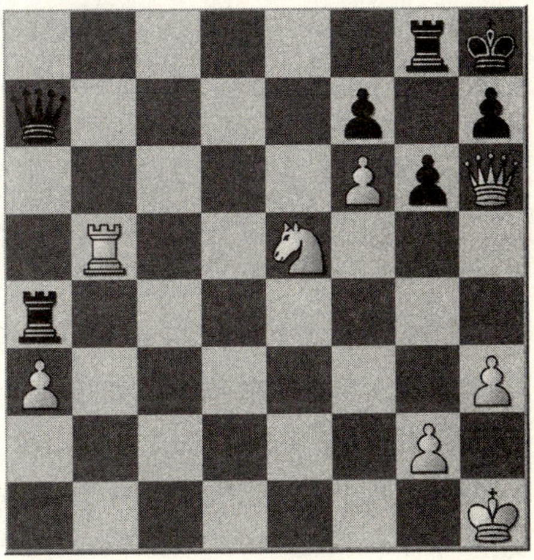

图 72

图 72，白方先走。审视局面之后，我们可以发现，虽然白方的子力数量处于下风，但是白方处于进攻的势态，并且黑方的棋子散落分布于棋盘各处，缺少配合。进一步思考，我们便可以得出这样的结论——白方的子力数量落后，因此在进攻的时候必须抢夺速度，否则黑方获得足够的时间，便能利用子力数量上的优势加强防御。

对局面有了一个大体的认识之后，我们在心中明确了白方需要迅速完成将杀黑王的任务，这也回答了“我要做什么”的问题。接下来，我们来看一看黑方阵营中哪些棋子妨碍了白方的行动。第一，g7 格的将杀威胁被黑方位于 g8 的车严防死守；第二，白方 e5 马对黑方 f7 兵的进攻，也被黑方位于 a7 的后阻挡着。

通过对问题的分析，我们找到了棋局双方的矛盾之所在。接下来我们就要思考白方如何加强攻势，很重要的任务就是把黑方起防守作用的棋子吸引开。围绕将黑方的 g8 车和 a7 后引开的目标，我们来为白方寻找最佳的招法。经过一系列分析之后，我们为白方想到了进攻方法。

1. Rb8!!

白车平白无故地送到对方的“嘴巴”里？但，这步棋当然不是漏算错棋！此时，黑方如果走 1. … R×b8，白方则走 2. Qg7#，白胜；如果走 1. … R×a3，白方则走 2. Qg7#，成功将杀。如此一来，黑方也只好接受以下变化。

1. … Q×b8　2. N×f7#

白方成功将杀黑王！

白方第一步车 b8 的走法充满了想象力。如果我们没有对局面进行有效的分析，很难找到局面的核心要素，棋局接下来很有可能顺着下面的招法演变：1. Rb1 R×a3　2. Qf4，形势复杂；或 1. Rb3 Ra6　2. Qf4 Rd8，黑方形势不差。

引离战术的核心内容是将对方处于防守要塞的棋子逼迫到另外的位置上，达到打通进攻路线的目的。在实战过程中，即便是高水平的棋手，往往也会忽略那些隐藏在安全表象之后的进攻机会。例如下面的形势中，假如黑方没有敏锐的进攻嗅觉，怎样也不会料到进攻机会就在眼前。

图 73，轮到黑方走棋。还是那两个问题：我想做什么？对方什么棋子妨碍了我的计划？不过，棋局形势给我们的印象是非常平淡的，甚至白方除了底线的王活动空间有些问题，存在闷将杀的隐患之外，我们看不出白棋到底还有什么地方存在子力间配合失调的问题。类似的局面，在实战对局过程中，无论是黑白双方哪位棋手，可能都不会觉察到棋局存在以下的变化。

图 73

1. … R×a3!!

简直是惊天的走法！黑车走到了一个似乎根本“不可能”的位置，不是吗，白方的 a3 兵看起来是那么安全，有车、后和兵的三重防护，黑车怎么能活生生地虎口拔牙，走到 a3 格子里来呢？这正是战术组合展现棋手思维创造性之处。棋盘上没有禁区，下棋有一定之规，却不存在什么铁的禁律！

2. Q×a3

白方此时无论走什么都无法防范黑棋的进攻了。例如在 2. b×a3 Q×a1+

3. Qd1 Q×d1+ 4. B×d1 Re1#的变化中，白王被将杀；在2. Qb1 R×a1 3. Q×a1 Qe1+ 4. Q×e1 R×e1# 的变化中，白王同样无法找到避难所。

2. … Qe1+ 3. R×e1 R×e1#

黑方成功利用引离战术将杀白王，取得胜利。

这里需要再次提醒大家注意的是，引离战术与引入战术的目标恰恰相反。它不是通过弃子的方法把对方某个棋子引入到某个特定的格子中，而是把对方的棋子从正在发挥作用的关键位置引开，达到畅通进攻通路的目的。

图 74

与图 73 的例子相比较，图 74 中黑方的任务就变得清晰明了得多。没错，白王处在一个悬空的位置上，黑棋必须干净利索地攻杀白王，因为白后对 f7 格的威胁很大。

面对这样的形势，棋手的脑子中有一种被强迫着往前推着走的动力帮助思考，于是接下来的变化便被“逼”了出来。

1. … Re3+! 2. f×e3 Qg3#

黑方顺利执行将杀任务，取得胜利。

国际象棋战术往往不是以一种固定的模式出现的，经常是具有不同特点的多种战术交织在一起。因此，棋手在思考特定的局面时，千万不要只考虑某一个特定的战术模式，而忽略了其他可能性。这样容易将自己的思路束缚住，难以找到正确的招法。

引离战术的目的是调虎离山，进攻方用弃子或兑换的手段将对方某个处于重要防御位置的棋子强行引到别的位置。引离战术的运用常常和将军、威胁吃子或将杀等要素相结合。记住，引离战术与带有欺骗性的诱离不同，引离战术是一种强制性的走法，对方必须被迫予以应对。

第六章习题：

◉ 白方先走，利用引离战术取得胜利或胜势局面。(图 75 ~ 78)

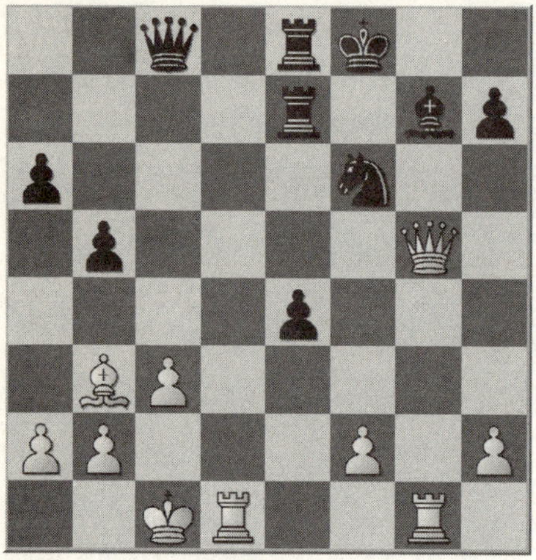

图 75

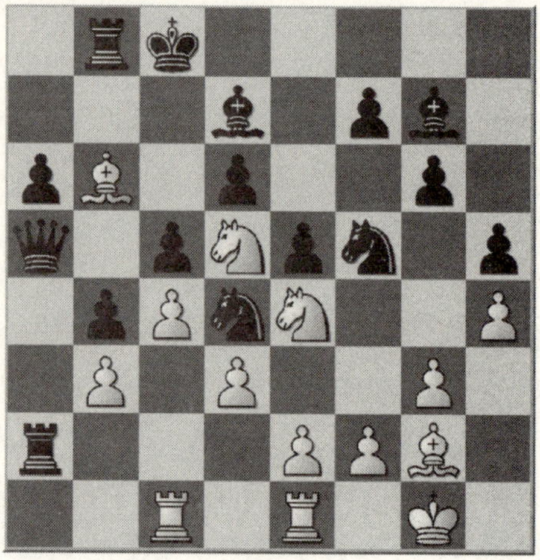

图 76

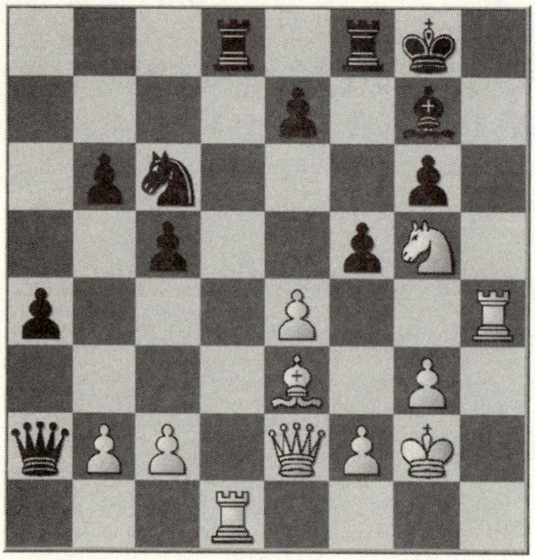

图 77

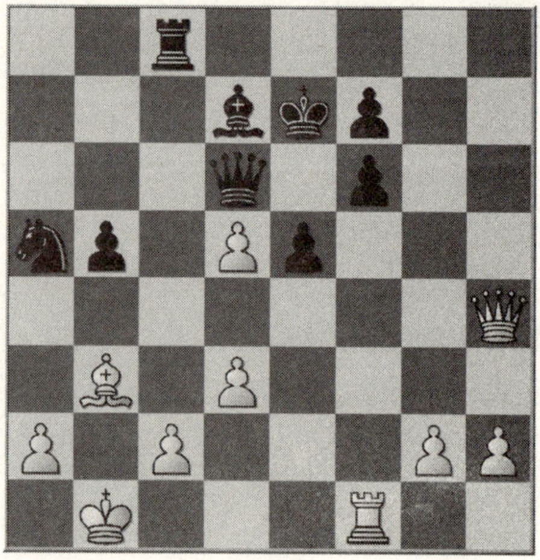

图 78

◉ 黑方先走，利用引离战术取得胜利或胜势局面。(图 79~82)

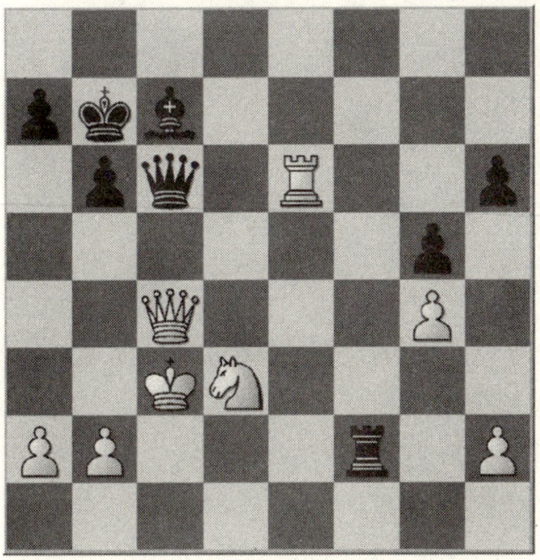

图 79

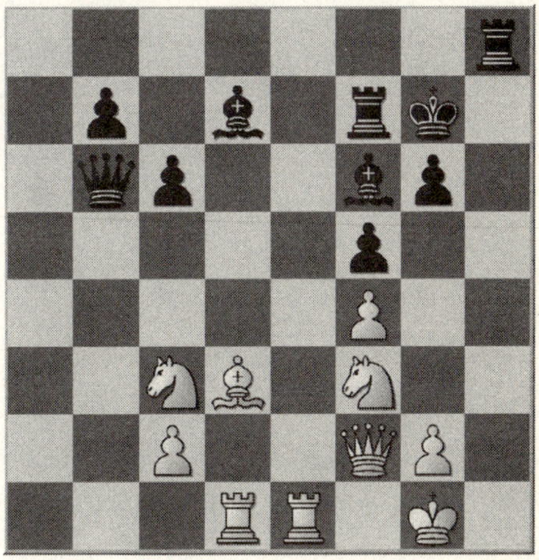

图 80

图 81

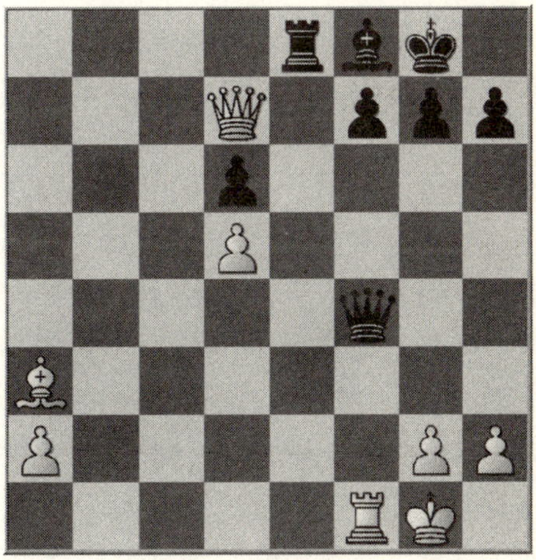

图 82

第七章　消除保护子

消除保护子又称为消除防御战术，是对防御方的一种直接打击。进攻方用弃子或兑换棋子的方式径直吃掉对方起防御作用的棋子，使对方其他子力处于无保护状态或使对方面临重创，从而收到消灭对方重要棋子的效果。与在前面介绍的引入及引离战术相比，引入和引离战术更像是进攻的前奏，需要后续手段进行致命性的攻击，而消除保护则是直接摧毁对方起到重要防护作用的棋子。

在对弈中，有时我们明明攻击到了对方的某个棋子，却无法达到消灭这个目标棋子。为什么会这样呢？因为对方受到进攻的棋子背后有其他棋子防护着，所以进攻方根本奈何不得。起到保护作用的棋子叫做保护子，其最大的作用是起到支撑和安全防御。消除保护子战术，顾名思义，就是直接进攻那个起到防御作用的棋子。采用此战术最好的效果就是摧毁防御，夺取更多的收获。下面我们来看一个消除保护子战术最典型的例子。

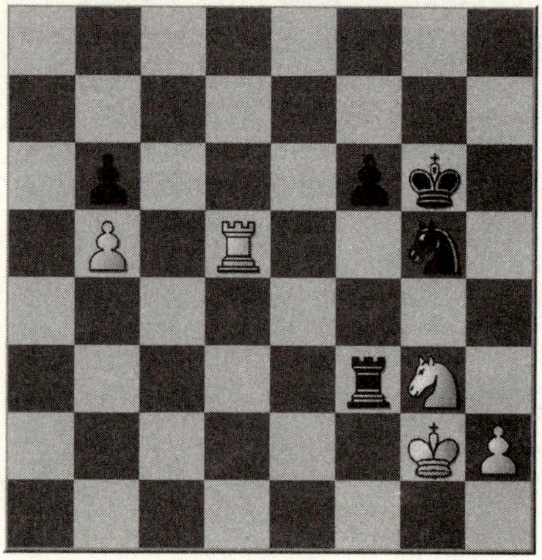

图 83

图 83，轮到白方走棋。双方子力相当，白方能否利用先行之利获得优势呢？经过对局面的分析，我们看到了黑方位于 f3 的车正处于白王的活动范围之内。由于黑方 g5 马起到防守的作用，因此白王不敢把黑方位于 f3 的车怎么样。但是，假如黑方的 g5 马不存在呢？想到这里，我们就会发现白方可以用消除保护子的方法取得子力交换的优势。

1. R×g5+ K×g5　2. K×f3

白方多了一个马，胜利的曙光就在眼前。

刚才我们看到的是直接消除对方肩负防御重任棋子的情况。这样的情况属于最直观的局面。实战中，由于棋子之间的关系和任务都很明朗，棋手对子力的安全防护都会很重视，因此消除保护子战术发生概率比较小。实战对局中发生概率比较大的是间接保护的情况，例如我们接下来看到的局面。

图 84，轮到白方走棋。虽然此时白棋的子力数量处于下风，但是白棋子力间位置布局合理，因此如果棋局正常发展，是一个比较复杂的局势。不过，我们深入分析局面就会发现黑方的棋子间存在相互依赖的关系。如果白方能够跃马到 f7 格就会产生将军抽后的结果，而此时担负防守 f7 格的是黑方位于 h6 格的马。如此一来，我们就看到白棋接下来的厉害招法。

图 84

1. R×h6+!

好棋！白方以车换马，消除黑方对 f7 格的防护。接下来的变化清晰明朗。

1. … g×h6　2. Nf7+ Kg7　3. N×d8+−

白方净多马和象，取胜不难。

通过前面两个例子，我们可以总结出消除保护子战术的特征。可以说，消除保护子战术是通过弃子（或不等值的子力交换）手段直接或间接地将对方担负防御重任的棋子消灭掉，从而达到获取更大收益的一种战术手段。消除保护子战术手段经常是以“不合算”的棋子交换或弃子开始，但紧接着进攻方能够消灭对方其他价值更高的棋子。

可能是因为远距离棋子与进攻目标的直线距离比较大，具有远距离功效棋子的战术组合机会往往被防守方忽视，因此远距离功效棋子能够给进攻方带来更多施展战术才华的机会。

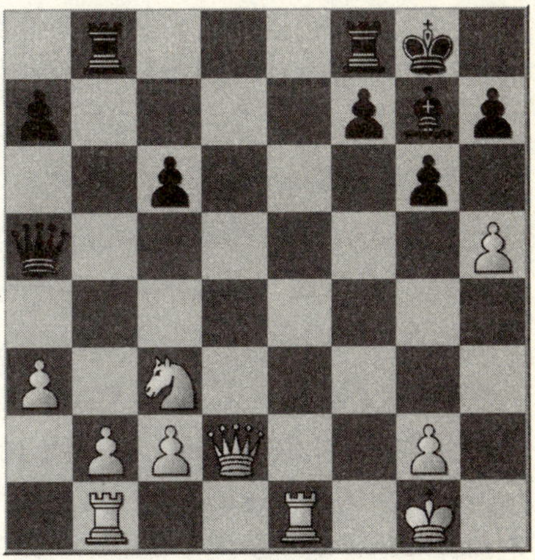

图 85

图 85，轮到黑方走棋。综观全局，双方的棋子遥遥相望，似乎不会马上

发生激烈战斗。不过，假如你认为黑方会满足于 1. … Q×h5，多一个小兵，那么你就错了，因为此时黑方有一个特别好的实施消除保护子战术的机会。

1. … R×b2!!

把防护白马的根基摧毁！黑方的后和象在黑格斜线的绝佳配合令白棋望而生畏。

2. R×b2

白方没有办法。因为如果选择 2. Ne4 Qb6+　3. Kh1 R×b1 的变化，白棋同样少一个车。

2. … B×c3

白棋的一个后、两个车都在黑格，都在黑方后和象强力组合的攻击炮火之下。接下来不管白方怎样应对，白方都要接受丢子的结果。

消除保护子战术有时像图 83 中那样，仅仅一步弃子交换便可以马上在下一步棋中收获成果，但是更多的时候这种显而易见的战术机会在实战中会被防守方早早预防。下面例子中的一连串招法构成的战术组合在实战中常常出现。(图 86)

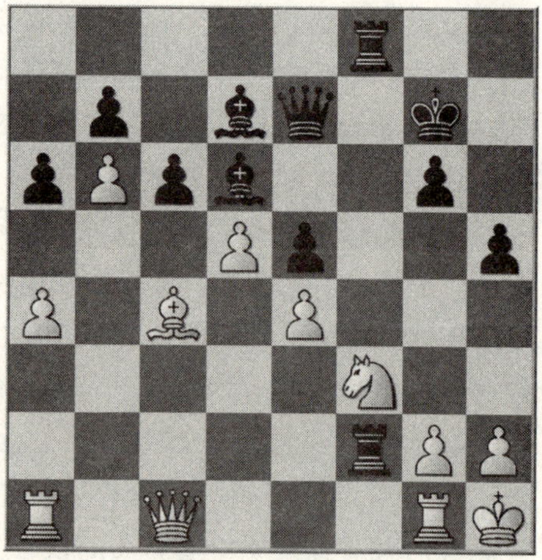

图 86

1. … R8×f3!

敲响进攻的前奏！黑方以车换马，目的在于逼迫白棋打开二路横线，将位于 f2 格黑车的威力发挥到极致。

2. g×f3 R×h2+!

开通二路横线不是目的，而是手段！黑方接二连三地用车换取价值低的棋子，目的就是要把白方的防御工事捣毁。

3. K×h2 Qh4+

接下来的任务就是擒拿白王，黑方已经计算清楚后面的变化。记住，弃子的前提是将后续的招法精确计算，否则弃子抢攻就变成了“主动送礼”。

4. Kg2 Bh3+　5. Kh1 Bf1#

一气呵成的进攻，前仆后继地执行消除保护子战术，黑方的进攻终以胜利告终。

在对局中，无论是进攻一方的棋手还是防守一方的棋手，对棋盘上担负攻击前锋和防守勇士的棋子都会格外关注。也许正是这样的原因，现代国际象棋的比赛对局中，短平快式的战术组合已经逐渐被防守方预先防范，取而代之的是连续性的弃子战术打击。类似消除保护子这样的战术，要求棋手具有长远的局面设计，对处于动态中的棋子的功能定位心明眼亮，明确攻击主目标。消除保护子战术的核心任务就是摧毁对方的防御战线。该战术的行棋特点是直接吃掉对方担负防御任务的子力，为后续行动清除障碍。

第七章习题：

◉ 白方先走，利用消除保护子战术取得胜利或胜势局面。（图 87 ~90）

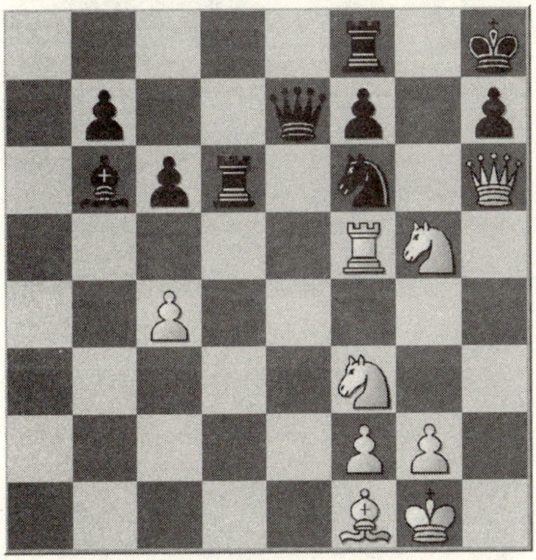

图 87

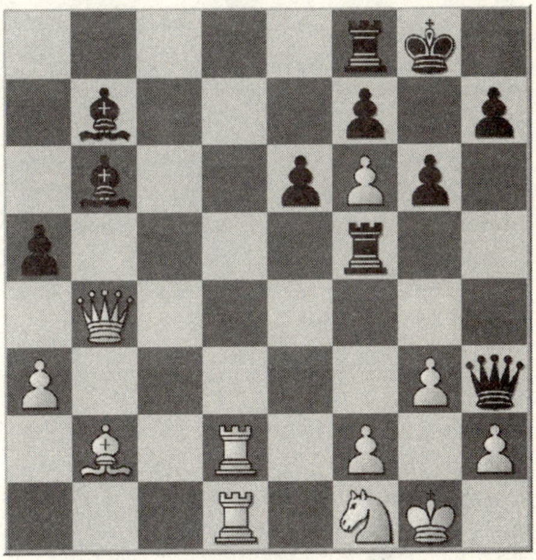

图 88

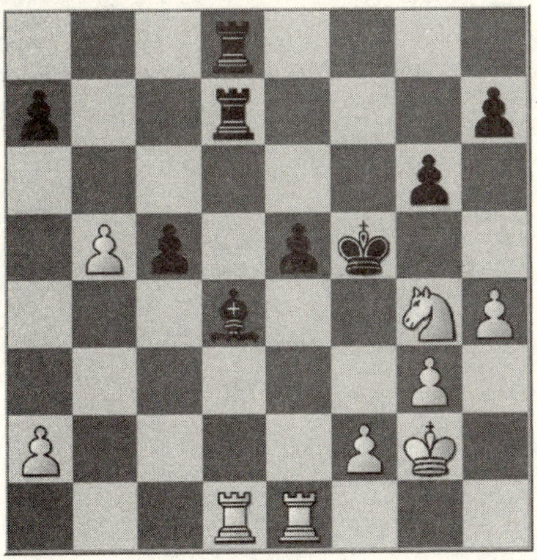

图 89

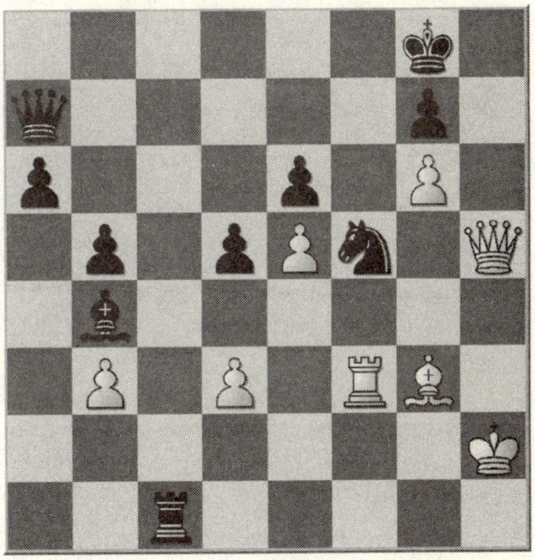

图 90

◉ 黑方先走，利用消除保护子战术取得胜利或胜势局面。（图 91 ~ 94）

图 91

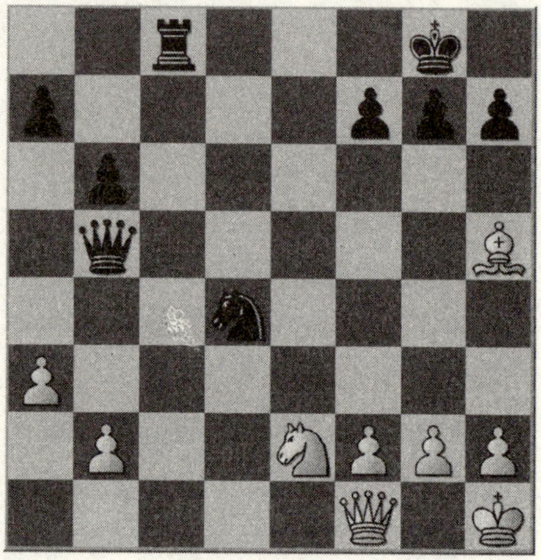

图 92

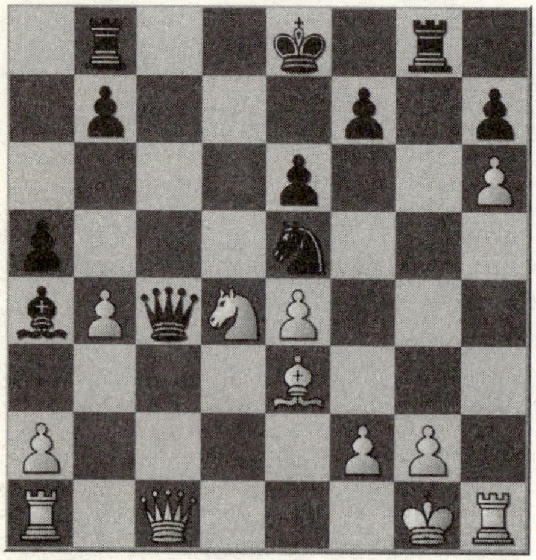

图 93

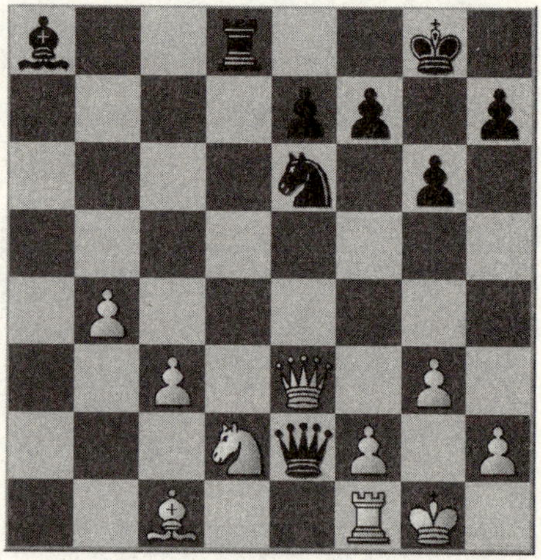

图 94

第八章 封 锁

封锁的字面意思是用强制力量使目标与外界的联系断绝，它准确地反映了封锁战术的意图。封锁战术的特点是弃子，行动的目的在于限制对方某一子力（通常是王）的活动，采用强制手段将对方棋子间的联系切断，令对方的子力活动道路堵塞，进而实现擒王目的。封锁战术最明显的取胜方式是制造“闷杀”，也就是将对方的王制约在棋盘的某个部位（大多数时候是底线角格），使之成为瓮中之鳖。

图 95，轮到白方走棋。分析形势，我们可以得出白方战局十分紧急的结论。目前白方处于子力数量劣势，且黑方的重子占据畅通线路，随时准备入侵。因此，白方必须在接下来的行动中采取快速进攻手段，不能有所延迟。如果让黑棋得到喘息时机，白方很快就会落入下风。

图 95

再来分析一下白方的正确进攻方向。我们看到，黑王位于棋盘角落，缺少活动自由，但是白棋目前尚没有一步棋便能致命的将军手段，因为 h7 格正被黑方的马防守。思路是不是应该到此为止呢？且慢，先不要马上给自己的进攻思路下结论。当我们顺着刚才的路线进行粗浅的分析，看到白棋在 h7 格无法实现将杀的目的就立刻持否定态度的话，就会错过白棋的进攻机会。作为棋手，一定要学会进行深入思考，而不是蜻蜓点水式的浅尝辄止，看个大概差不多的样子，一遇到困难就后退。图 95，我们继续坚持思考下去，下面的变化便会呈现出来。

1. Qh7+!

虽然，后在h7弃子将军不能直接将杀黑王，但是达到了让黑方的棋子自行堵塞王的活动空间的目的，封锁战术成功。

1. … N×h7　2. Ng6#

黑王无处可逃，白胜。

看了刚才的例子，我们不仅对如何沉住气，耐心分析局面寻找进攻计划有了体会，更对王在棋盘的角格缺少活动空间的危险性有了充分的认识。正如我们一开始就提到的那样，封锁战术的核心思想是造成对方行棋路线不畅通，主要的实施手段是用强制性的招法迫使对方棋子进入到某个位置，从而阻挠对方的棋子间协调作战，令受攻目标的活动空间受到更大的限制。

要知道，封锁战术的主要作用是控制或限制对方关键棋子的活动范围，并实现最终消灭对方子力乃至将杀的目标。对于攻王而言，封锁战术的主要特点是封锁对方王的活动区域，最终令对方的王无处可逃，实现闷杀。

领会了封锁战术的特点，我们再来思考图96白方进攻的招法，思路便会豁然开朗，战术弃子的走法似乎就是那么清晰地摆在那里，将杀黑王的战术弃子招法可谓自然天成。

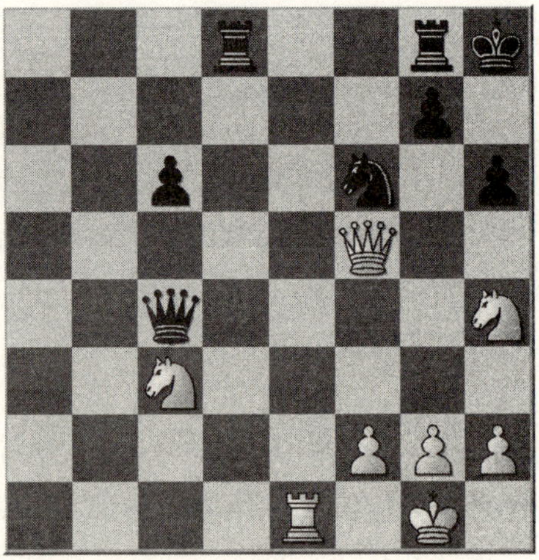

图96

图96，黑王同样处于棋盘的角格里，g8格的车限制了黑王横向的活动自由。假如h7格再有其他棋子，那么黑王就完完全全地被堵在棋盘角落里，动弹不得了。白方应该采取怎样的进攻方式呢？现在白棋如果直接采用后到h7格将军的走法，黑棋无疑会用王把送上门来的白后消灭掉，而不是用马吃到h7格中。如此一来，我们就找到了白方的进攻思路：白棋需要让黑马走到h7格，然后再跃马到g6格制造闷将杀！思路明晰之后，我们就顺着如何让黑马自行堵到h7格的方向来努力。

1. Ng6+ Kh7　2. Nf8+ Kh8

白方通过两步连续跃马将军，将自己的马从h4格调整到f8格。虽然这两个位置的相同之处都在于能够一步棋到g6格，但是最大的不同之处在于f8格同时监控h7格，而马在h4时，则没有这样的能量。

3. Qh7+! N×h7

黑方的马无奈地堵住自己王的活动空间，接下来白棋将杀的走法就显而易见了。

4. Ng6#

白方成功将杀黑王，形成与图 95 异曲同工的将杀构图。

如何进攻对方处于棋盘不同位置的王？棋手要善于总结那些具有相关共性的局型，并对进攻手法进行总结，形成犹如自动化程序一般的知识储备。这样，才能在时机出现的时候，一举抓住进攻机会，轻松地攻击目标。

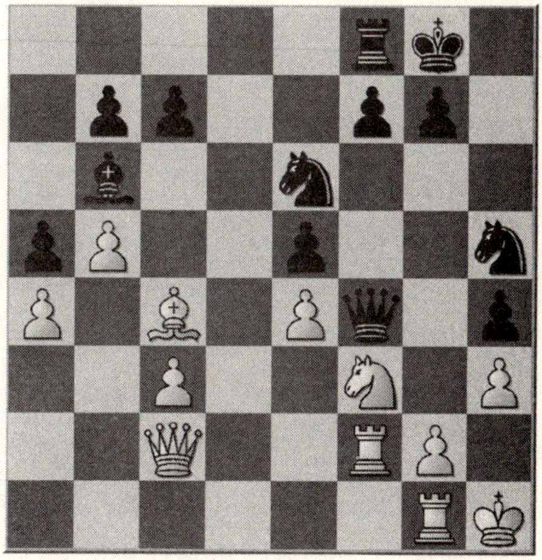

图 97

图 97，轮到黑方走棋。是不是感到这个局面有些熟悉？没错，黑方 f4 格的后和 h5 格的马，以及白方 h1 格的王和 g1 格的车，活脱脱是图 96 的翻版。当我们对图 95、图 96 两个局面进攻手法有了深刻体会时，那么再来看图 97 局面所呈现的问题，黑方胜利的途径就清晰地出现了。

1. … Ng3+ 2. Kh2 Nf1+ 3. Kh1 Qh2+!

封锁战术再次发挥作用，黑方逼迫白方的棋子自己堵住王的活动路线。

4. N×h2 Ng3#

黑方成功将杀白王，取得胜利。

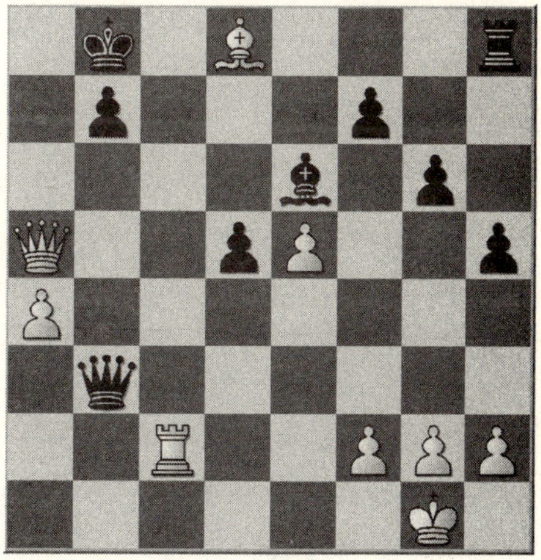

图 98

在攻王的过程中出现的封锁战术大多具备一个特点，那就是受攻方的王活动空间受限。这样，就可以实施封锁战术，实现围堵将杀。

图 98，轮到白方走棋，于是我们的目光自然而然就会聚焦在黑王这个焦点上。此时，黑王正处于一个很尴尬的受攻状况。虽说双方的棋子数量相当，但是白方的后、车、象三个具有长距离攻击效能的棋子正虎视眈眈瞄着黑王，黑方的防守任务艰巨。

对局面有了一个粗浅的判断之后，我们再来为白棋寻找具体的进攻手段。虽然黑王正处于受攻的状况，但是白方如果用后或者象在 c7 将军，黑王就可以走到白方失去监控的位置。白方的任务是进一步限制黑王的活动空间，然后再实施足以致命的将军。

1. Rc8+!

好棋！白方实施封锁战术，弃车的目的是逼迫黑方把应该属于王的活动空间自行封闭，然后再进行致命一击。

1. … B×c8

黑方没有更好的办法。如果走 1. … K×c8，则 2. Qc7#，白方的后、象联手，把黑王紧紧地“挤死”在 c8 格。

2. Bc7#

黑方的象占住了原本属于黑王可以活动出逃的 c8 格，那么白棋就留着后在 a 线继续监控线路，用象实施将杀，白胜。

在对攻中，棋手处于高度紧张的状态，棋局上任何可以利用的进攻机会都不容易被忽视。而当棋手面对一个看似安全平稳的局面时，就容易放松警惕，忽视潜在的战术机会。倘若这样的情况成为一种惯常发生的事情，我们就更应该在对局时提醒自己增强战术意识，牢记棋局进行过程中的机会和危险、真实和虚假时刻都在发生。此外，与攻王相关的战术组合大多是一气呵成，直奔王这个进攻的主目标而去，在实施弃子战术手段的过程中不拖泥带水，进攻方的注意力不会被消灭防守方王之外的其他棋子所吸引。同样，在类似这样的攻王局面中，棋子的价值不是以它们的原本分值来计算，而是以棋子在进攻中扮演的角色是否重要来衡量。

图 99

图 99，轮到黑方走棋。粗看之下双方子力相当，也看不出哪一方的棋子聚集在王的周围形成实质性的威胁，难免令人感到局势大概差不多的错觉。但是，如果我们具有敏锐的进攻嗅觉，就会觉察到白方看起来没有什么缺陷的棋子在配备位置中出现了盲点，这为黑棋进攻打开了城门。

1. … Qg2+!!

好棋！黑方凭空弃后，目标只有一个——逼迫白方的 g1 车离开底线，走到 g2 格这个原本属于王的活动空间当中。在走出弃后这步棋之前，黑方势必把接下来的所有变化都计算清楚，否则白白将后送到对手的囊中，可不是一件小事情。

2. R×g2 Nf3+　3. Kh1 Rd1+

黑车冲到白方底线 d1 格，与位于 f3 格的马形成联手，构成一个典型的将杀组合。

4. Rg1 R×g1#

白王被活活逼死在 h1 格。记住，这正是进攻方位于 f3 格马和 g1 格车将杀防守方位于 h1 棋盘角格王的典型局面！

不少棋手在中局棋盘上双方棋子数量多的时候对进攻和防守的意识非常强烈，但是随着棋局进程和棋子兑换后数量不断减少，逐渐降低了战术攻击的敏感性，也对王的安全意识减少了很多。这样的错误万万犯不得。要知道哪怕棋盘上只剩下王和小兵，那个平时不起眼的兵冲到对方底线还能升变呢，这样的子力转变会令棋局顿然发生质的改变。因此只要棋局在进行中，棋手都要建立强烈的攻与防的意识，特别是王的安全，时刻都要牢记在心。

图 100，轮到白方走棋。现在白方面临的局面是黑方的兵马上就要升变，白方应该怎样构思进攻呢？当然是希望自己的马能够跃入到 f7 格，那样将会形成将杀。但是，目前 f7 格正被黑方的车牢牢防守着，白方能够把黑车引走吗？通过分析之后，我们得出了白方必须马上行动，并且唯一的机会在于马进入到 f7 格才能达到将杀目标的结论。沿着这样的思路，我们就能发现白方下一步棋应该是：

图 100

1. Rg8+!

白方送车将军，强行将黑车从监控 f7 格的位置上引离。黑车被逼走到 g8 格真是无奈极了。因为当白方的马安全在 f7 格将军，且白车不在棋盘上监控 g 线时，g8 格原本可以成为黑王逃跑的活路。但是，黑方现在不得不用自己的车把这个宝贵的逃生之路给封死了。

1. … R×g8　2. Nf7#（图 101）

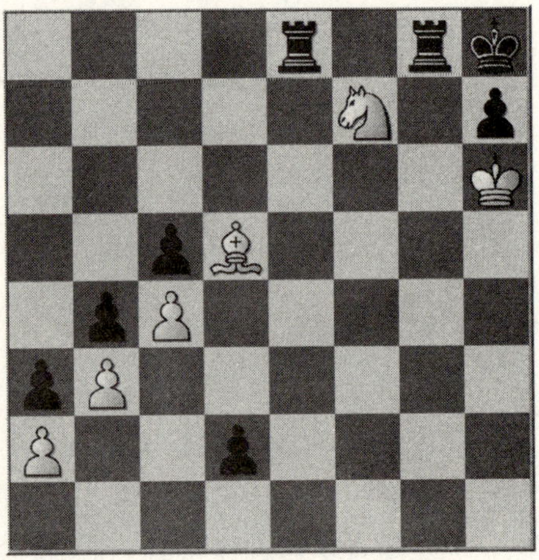

图 101

让我们把白方最终将杀黑王的局面具体呈现，看看黑方在子力大大占优的情况下是如何被白方成功将杀的。归结原因只有一个：黑王被封死在棋盘的角格，活动空间全被限制住。这正是封锁战术所要达到的最终目标——通过弃子逼迫对方棋子去扮演自塞其道的角色。

记住，限制对方王的活动空间有两种办法：一是用自己的子力控制相关区域；二是想办法让对方的棋子自己堵在那里，同样可以达到令对方受攻目标寸步难行的目的。

第八章习题：

◉ 白方先走，利用封锁战术取得胜利或胜势局面。（图 102 ~ 105）

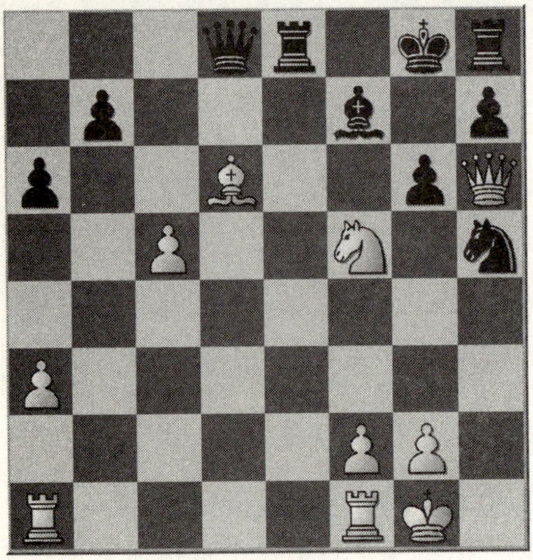

图 102

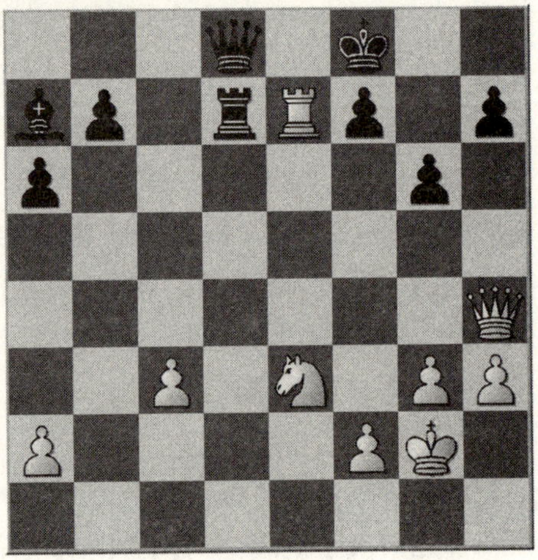

图 103

图 104

图 105

◉ 黑方先走，利用封锁战术取得胜利或胜势局面。（图 106 ~ 109）

图 106

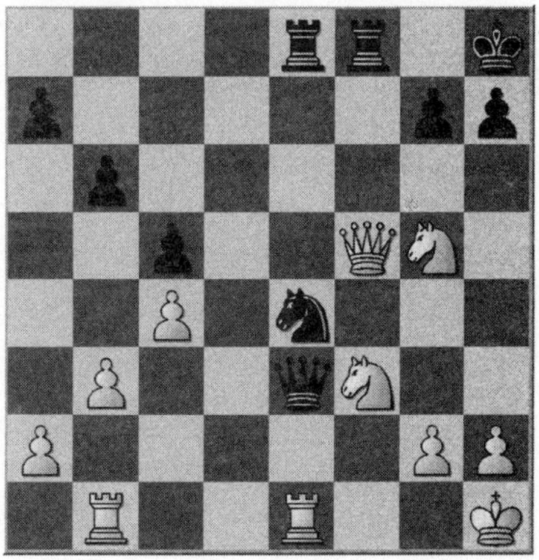

图 107

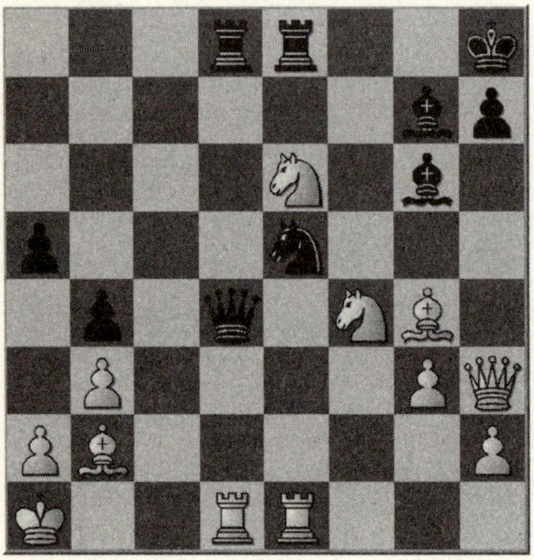

图 108

图 109

第九章 堵截

从字面上理解，堵截一词有迎面阻截、拦截的意思，它的近义词是切断。而提起堵截，我们又会把它与“围追堵截”联系在一起，意思同样是指围剿、消灭和堵截。国际象棋战术组合定义的堵截是指一方棋手通过弃子手段破坏或切断对方子力之间的联络，以达到成功进攻核心目标的目的。堵截战术需要采用强制弃子手段，逼迫对方堵塞自己的攻防要道，使其首尾不得兼顾。

把堵和截两个字拆开来解释，我们就能更容易理解堵截战术的特点。堵则不畅通，因此堵截战术需要进攻方用棋子制造屏障，破坏对方的子力联络。截则出现中断，所以堵截战术显著的特点是进攻方用弃子的手段切断对方受攻棋子的行棋线路，使受攻方的棋子间出现各自为战的状况，令其无法将棋盘上的全部重点部位都照顾到。此外，堵截战术也常常出现在中局或开局向中局过渡的阶段，其表现形式为切断对方子力间的畅通联络，然后围歼缺少保护的孤立目标。

图 110，轮到白方走棋。面对黑后守在 f5 格，使白后、马两个棋子配合在 f7 格将杀的目标受阻，白棋当然不甘心。怎样才能破除掉黑后对 f7 格的防御呢？

图 110

1. Rf6！ Q×f6

黑方只能用后换车。假如 1. … g×f6，将会遭遇白棋 2. Q×f7#将杀。

2. Nh7+ Kg8 3. N×f6+ g×f6

4. e6

白棋子力数量上的优势，再加上黑方王前阵地严重削弱，白棋的胜势局面不可动摇。

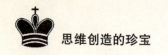

不要以为攻王的战术弃子只在那些重子云集的中局复杂局面中才会出现。只要某一方王的处境出现了严重的问题，只要进攻的一方棋子间配合默契，即便在棋子所剩无几的残局中，同样可以组织厉害的弃子战术打击。让我们通过下面的例子再次强调王的安全意识。

图 111，轮到黑方走棋。此时已经进入残局阶段。双方的棋子所剩不多，但白方后翼上已经冲击到五线的小兵对黑方的兵阵存在一定的威慑力，黑方位于 h3 格的马正在白车的攻击中，怎么办？赶紧把马逃开吗？

图 111

如果此时黑方棋手缺少对白方位置极差的 h1 格王的进攻意识，那么显然就会把 h3 马赶紧逃开，并且集中力量去防守白方后翼兵的种种升变可能。但是，当我们的头脑里已经具备敏锐的进攻嗅觉时，就会发现此时黑方正面临着非常好的采用堵截战术的机会。

1. … Kf1 !

超出常规且充满想象力的一步棋！目的在于用自己的王控制住 g2 和 g1 格，从而限制住对方王的活动空间，下一着再用马将杀白王。

2. R×h3

白方除了接受黑棋送上门来的“礼物”，面对黑方跃马到 f2 格将杀的威胁也实在没有什么办法能够阻挡了。例如，2. Rf8+ Nf2+　3. R×f2+ K×f2 之后，白方将面对一个少子的败势残局。

2. … Ng4

白方无法阻挡黑方接下来跃马到 f2 格的将杀威胁，而罪魁祸首正是那个位于 h3 格的车。其实，假如黑方不采用 2. … Ng4 的走法，而是 2. … Nd1，虽然没有限制住白方 g 兵的活动自由，但是同样能够达到将杀目的。

旧话重提，白王被闷将杀的罪魁祸首是那个位于 h3 格的车，堵住了 h 兵的活动自由，造成白王被闷在了 h1 格并惨遭围歼。

缺少紧迫感不仅会令棋手错失进攻机会，防御时更容易出现大意的问题，造成局面迅速崩溃。

图 112，轮到黑方走棋。在这个看似兵形异常封闭的局面当中，黑棋敏锐地抓住了战机，果断弃子。

1. … Q×g5+!　2. Q×g5　B×g5+（图 113）

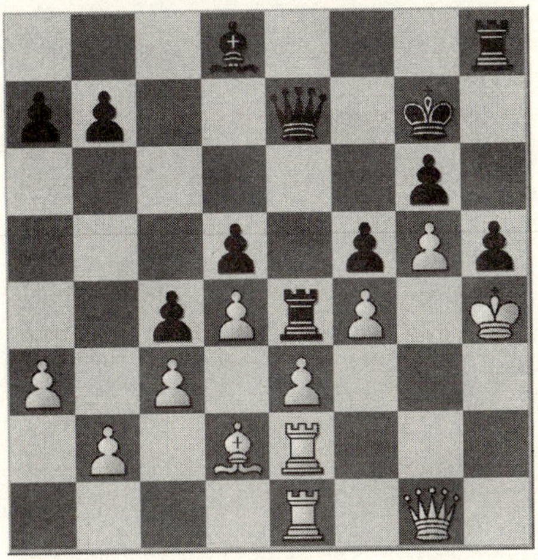

图 112

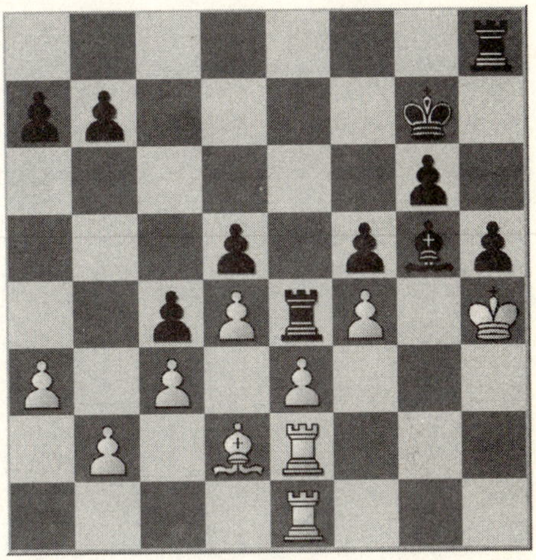

图 113

此时白棋应该怎样应对呢？如果躲王就显得太胆小示弱了吧？白方被黑方活生生地虎口拔牙丢一个兵，当然不甘心。于是，白方轻率地采取了吃掉 g5 黑象。

3. K×g5??

白方还是应该走 3. Kh3。虽然陷入一个少兵的残局，前景同样不乐观，但是好歹还不至于棋局马上崩溃。

3. … h4!（图 114）

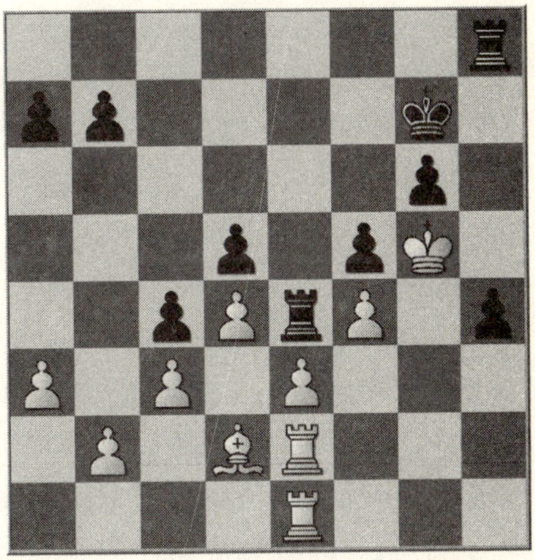

图 114

随着黑方 h 线小兵轻轻向前推进，接下来黑车到 h5 格将杀白王的威胁变得无法阻挡。白方在追悔莫及的同时，除了自责忽略了黑方挺兵 h4 阻截白王的活动空间之外，还应该思考点什么呢？

没错，我们用“奇迹”来形容图 114 中黑方瞬间爆发出的攻杀能量。类似的战术组合是极具隐蔽性的，不仅防守方容易犯错误，进攻方也需要具有敏锐的进攻嗅觉和超强的创造性思维方式才能捕捉住进攻机会。至于犀利的战术弃子手段，那不过是需要精确计算来支撑的具体实施方案。

图 115，轮到黑方走棋。黑方能否运用阻截战术将杀白王？

假如我们不是处于已经提出待解战术问题的状态，作为执黑棋的选手，在图 115 的局面中能够去琢磨如何将杀白王而不是如何防范白方小兵升变就称得上是一个了不起的大胆“幻想”了。是的，战术组合需要敏锐的进攻嗅觉和强烈的求胜愿望。如果棋手对胜利连想都不敢想的话，临场对局时的思路肯定是防御方针占主导地位。因为，在正式比赛时，棋手的旁边没有人提醒你：此时应该好好想，机会就在眼前啊！

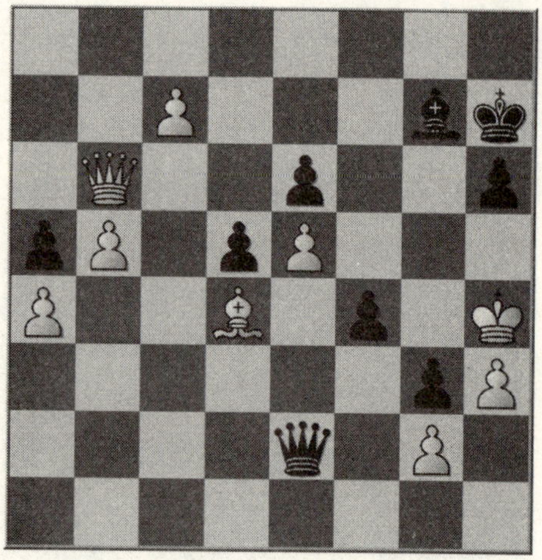

图 115

回到图 115，细心分析局面后，我们发现，在棋盘上还存在重子的情况下，白方的王“悬”在 h4 格并不是一个理想的位置。但是，由于棋局双方所剩下的棋子数量都不多了，显然黑方再想加强力量实现将杀白王并不是一件轻而易举的事情。特别是白后的位置比较主动，此时黑方如果走 1. … Kg6 威胁下一步 2. … Qh5 将杀白王的话，就会遭遇到白方 2. Q×e6+将军的回击。黑王能够在不受攻的情况下顺利走到 g6 格吗？答案是必须有其他棋子将棋盘的第六横线堵截住，这样白后吃掉 e6 兵的时候就不会连带先手将军了。

1. … Bf6+!!

好棋！黑方在第六横线上弃象，如此一来就达到令白兵走到 f6 格，截断白后的横线攻击。

2. e×f6 Kg6（图 116）

黑王安然走到 g6 格，白方奈何不得。下一步白方找不到可以直接将军的机会，也没有办法将自己的王走到安全的位置，因此无法阻止黑棋接下来在 h5 格将杀。白方接下来的应招不过是走走过场罢了。

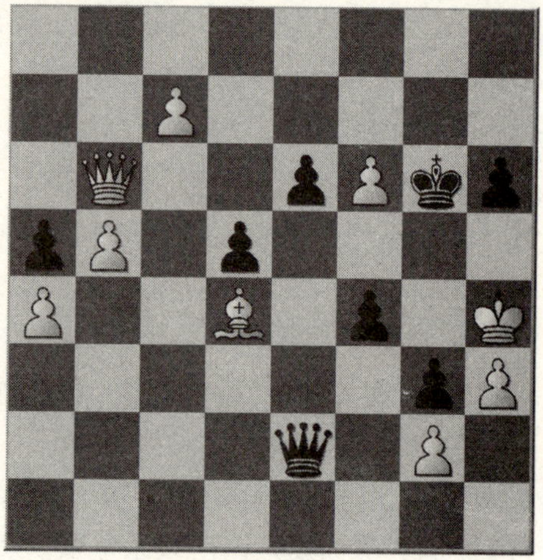

图 116

3. c8Q

兵完成升变不过是看起来很美。虽然白棋在棋盘上多出来一个后，仍然无法阻止黑方的将杀。

3. … Qh5#

黑胜。

第九章习题：

◉ 白方先走，利用阻截战术取得胜利或胜势局面。（图 117 ~ 120）

图 117

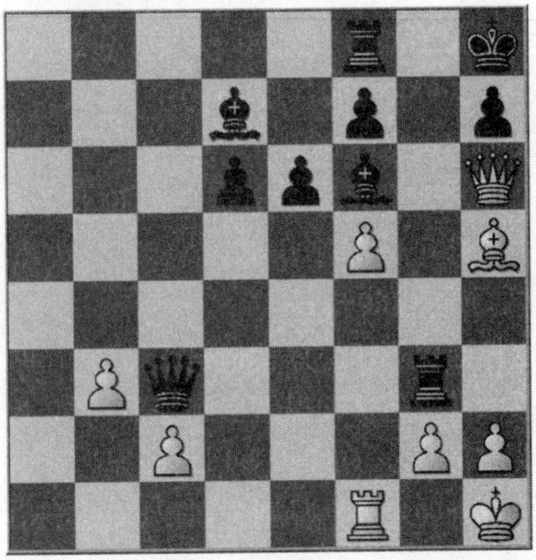

图 118

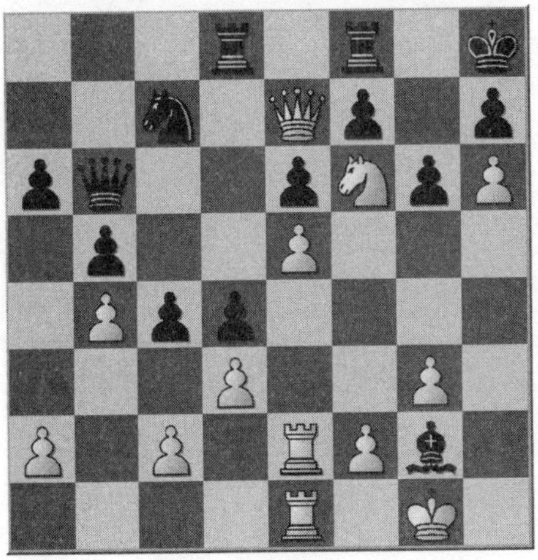

图 119

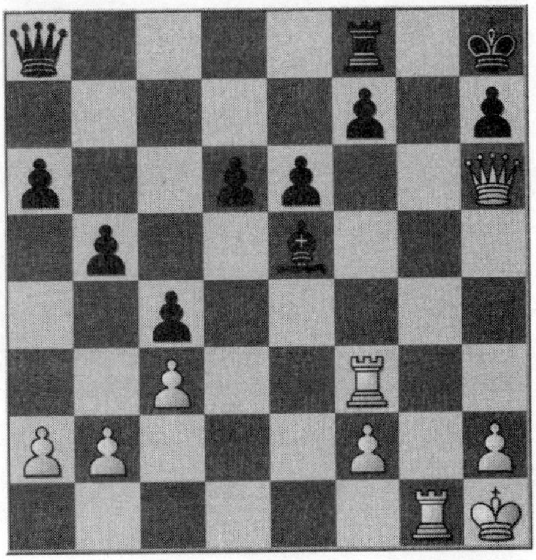

图 120

◉ 黑方先走，利用阻截战术取得胜利或胜势局面。(图 121 ~ 124)

图 121

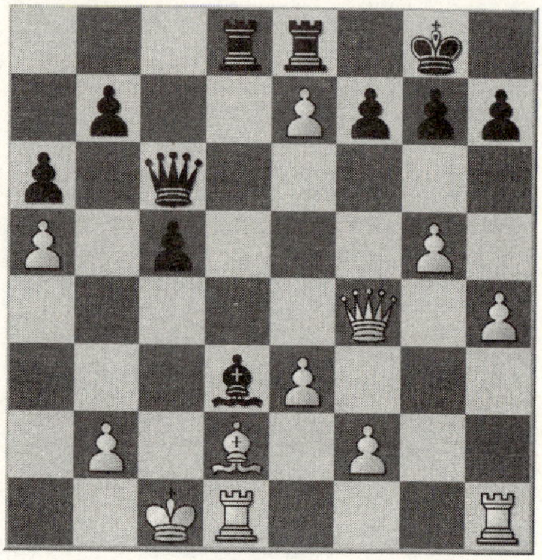

图 122

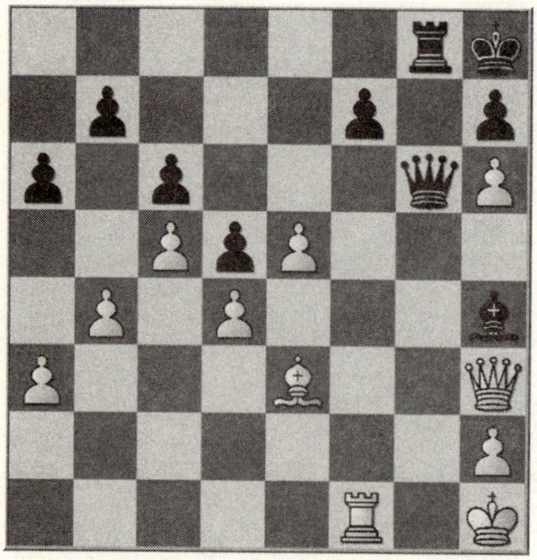

图 123

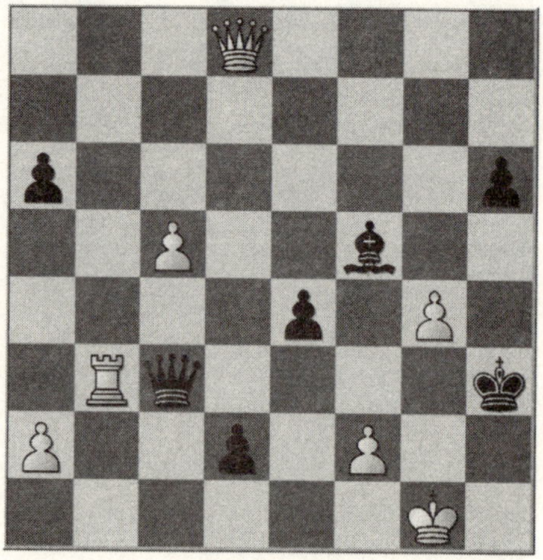

图 124

第十章　开放线路

对局时经常出现这样的情况：进攻方眼看着就能实现摧毁对方王城的目标，但是防守方却总有那么几个“捣乱”的棋子牢牢把控在防守通道上，令进攻方缺少临门一脚的机会。问题摆在眼前，进攻方应该怎样解决线路不通畅的状况呢？答案似乎很简单——弃子打通线路。但是，我们在实战中发现弃子的机会并不是时时都有。并且，即便有了弃子打开通线的机会，偏偏能够实施弃子走法的那个棋子正是我们后续进攻时依靠的主要力量，又不能舍弃。因此，棋手的头脑一定要清醒，实施开放线路战术弃子是有底线的，不能用我方起关键作用的棋子。在不能直接消灭掉对方防守棋子的情况下，我们可以借助间接弃子的方式打开通路。

图 125，轮到白方走棋。这是一个开放线路进攻的典型战例。白方多么希望位于 c7 格的车能够在棋盘的第七横线上畅通无阻地驰骋，发挥威力将杀黑方位于 h7 格的王。但是，棋盘第七横线上显然子力过于“拥挤”。白方下一步应该怎样走？

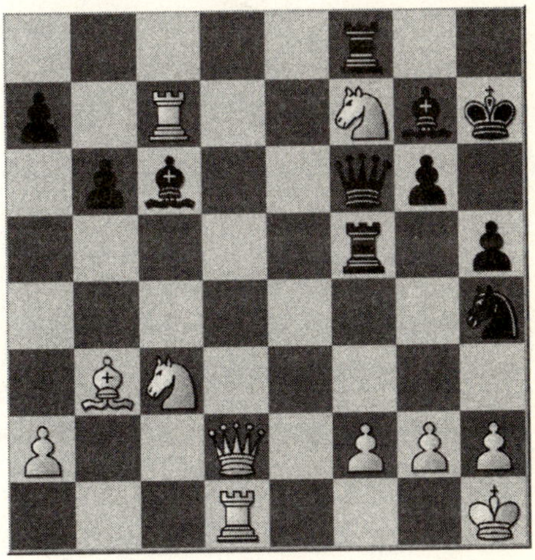

图 125

对棋局有了一个整体的印象之后，我们便可以深入地进行分析。我们遗憾地看到棋盘第七横线上不仅有黑方的象挡在了 g7 格，白方的马停留在 f7 格也特别“碍事”。要是能把白方的 f7 马拿掉，换上一个位于 c1 格的象该有多好！这样就可以直接后 h6 将杀黑王了。

幻想总归是幻想，我们必须面对实际情况为白方设计下一步棋的走法。现在，白方的目标是开通第七横线，将黑王暴露于白方的火力攻击之下。

1. Qh6+ !!

好棋！弃子，强行开通第七横线！当然，白方做出精确判断的依据不仅是只有开通第七横线的总体目标，还有赖于对后续变招的准确计算。需要指出的是，棋手必须把握好大方向和具体行动步骤，才能做出正确的选择，两者缺一不可。

1. … B×h6　2. Ng5+

白方弃后打开七线通路，现在跃马双将是具体手段。

2. … Kh8　3. Rh7#

此时，白方在棋盘上只剩下车、马、象三个棋子，但全部出来，火力都直接集中在黑王身上，白胜。

“打开线路进攻”最明显的特点是进攻方用弃子的手段“炸开”对方王前的堡垒，让防守方受攻目标暴露在我方炮火之下。简言之，就是利用弃子手段破坏或消除防守方王前掩护防线（大多数是由兵构造的防线），实现暴露敌王、利于攻杀的目的。战术的直接目标当然是将杀对方的王，但有时逼迫防守方以巨大的子力损失为代价换取王的安全拯救，同样能使进攻方取得巨大的战果。开放线路进攻的战术大多是追随着敌方王的踪迹。因此，当一方的王在开局过程中迟迟没有易位时，这样的战术可能在中局过渡阶段便会早早出现。

棋盘上的线路分为竖线、横线和斜线三种，进攻方采取弃子的走法强行打开防守方的王前隐蔽所，达到通畅线路的目的。需要特别提醒的是，对斜线开放线路进攻时，有一种情况不是通过弃子通畅线路，而是移开阻挡在发挥斜线进攻作用前的棋子。这样的战术我们将之总结归纳到战术的 X 光射线内容当中。

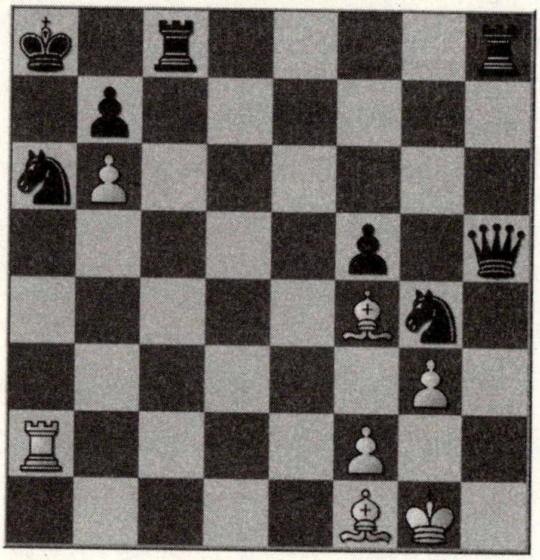

图 126

图 126，轮到白方走棋。我们应该如何判断这个局面呢？如果简单地通过双方棋子数量来评价棋局形势，我们甚至不需要分析，便可以断定黑方处于绝对的上风。因为黑方不仅多了一个后，还多了一个车！这样的子力配比，白方还能继续战斗吗？

当我们继续分析局面的时候，就会发现问题绝没有那么简单。目前，黑王位置欠佳，给了白方通过开放线路战术的弃子机会，从而将杀黑王。具体打开哪条线路呢？面对黑方的攻势，白方的所有行动必须是连带着将军的，否则黑方完全可以不予理睬。

1. R×a6+!!

好棋！白方以车换马，连带将军，在攻王过程中有效迫使黑棋打开h1——a8 斜线道路。需要再次强调的是，棋手在思考并设计进攻路线并执行弃子行动过程中，唯一的评判标准是攻王进程是否顺畅有效，其他因素都可以忽略不计。就像图 126 中白方所走的 R×a6+弃子一样，在子力数量大大失衡的局面中，白方唯一的机会就是一举突破黑方的王城。机会只有一次！

1. … b×a6 2. Bg2+ Rc6 3. B×c6#

白方的双象在斜线开放线路当中协同作战，将黑王置于死地。

棋盘不大，只有 64 格。可是当一方的攻势形成，却是浩大的战争场面：攻击性强的棋子遍布棋盘各个位置，令防守方难以应付。特别是那些具有远距离进攻能力的棋子，无须紧紧围在攻击目标周围，也能从远远的一侧突然发威，制造足以致命的打击。在执行进攻的过程中，战术打击是最具有杀伤力的手段。战术组合离不开弃子，而弃子的目的就是消除敌方充当保护者的子或兵，令敌方的防线崩溃。开放线路的战术具有行动快速的特点，大多与长距离威力的棋子相关联，令敌方防不胜防。

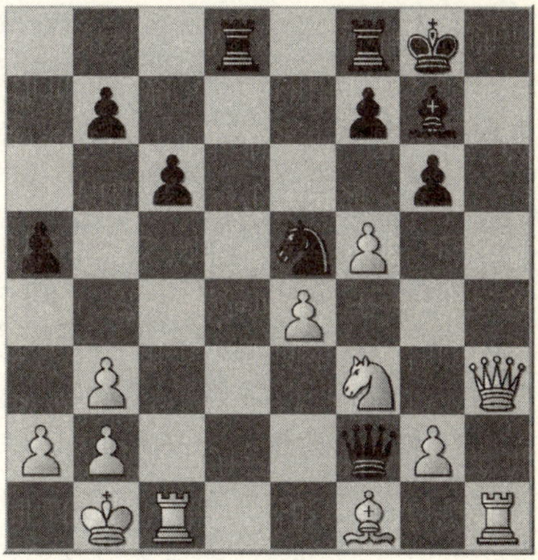

图 127

图 127，轮到黑方走棋。粗看之下似乎是双方对攻的局面。黑方紧盯着白方的 b2 格，白方也利用开放的 h 线威胁着黑方的王前阵地。在这样的棋局战况中，时间就是一切！黑方需要抓住先行之利，全力寻找一举突破王城的手段。

对于开放通线的威力，黑方位于 g7 格的象神勇无比。但是黑方位于 e5 格的马却临时性地阻挡了黑象在斜线线路上的作用。如何才能让黑马走棋时连带着将军呢？这样就可以无视白方在 h 线上的威胁，以连将的方式逼迫白方忙于应对将军，没有时间做其他的事情了。

1. … Q×b2+!!

黑方果断地在 b2 格弃后，彻底开放斜线线路的同时将白王强行逼到 b2

格，为黑马先走带将军行进以及黑象发挥作用制造必要的条件。

2. K×b2 Nc4+

黑方的马和象同时将军，白方唯一的应将方式只能是躲王避将。

3. Kc2

如果白方走 3. Kb1，则遭遇黑方 3. … Na3#，将杀。

3. … Na3#

黑车牢牢控制着 d 线，令白王无法逃向棋盘中心。再加上象对 a1——h8 斜线的控制，白王被制约在 c2 格。此时，黑马在 a3 格的将军对白棋来讲无疑是致命的。黑胜。

组织攻王的过程中，打开棋盘上的竖线线路同样是非常厉害的攻击手段。特别是当一方的王仍然处于棋盘中心的时候，从棋盘中路上弃子以谋求线路开放的行动在很多开局变例中都是常见的进攻手段。不过，类似的从开局向中局过渡的弃子往往更具有战略意义。进攻方在弃子之后得到一个非均衡发展状态的棋局，拥有长久的攻击能量和主动权。为了让大家建立更加直观的开放线路战术弃子的观念，我们在本书中选择的对局具有短平快的特点。

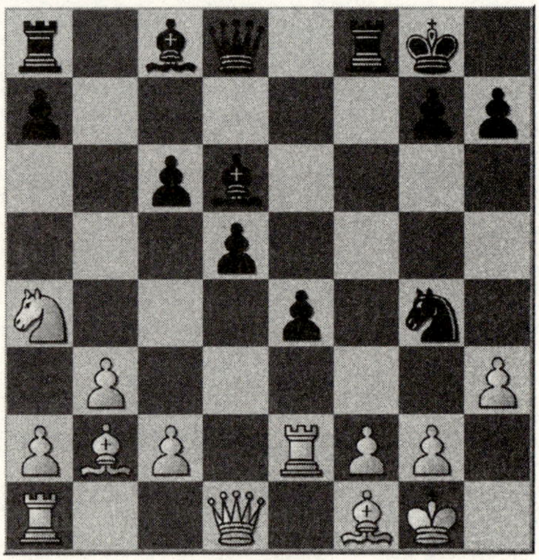

图 128

图 128，轮到黑方走棋。如果黑方此时不存在战术手段，那么应该是一个双方互有机会的复杂局面。为什么这样评价棋局呢？因为线路大多畅通，双方的棋子位置也都布局合理。所以从大局方面简单评价，无法给哪一方更高的评分。但是，战略计划是一回事，具体行动又是另外一回事。也就是说战略是方向，战术是手段。当时机成熟的时候，或者哪怕是进攻方刚好赶上了各种机遇都合适的巧劲儿，战术组合带来的攻击行动就会在瞬间爆发。因此，在棋艺训练的过程中，战术进攻的具体计算能力是棋手的必修课。在棋局进展的很多过程中，究竟哪一方能占据主动，是依靠具体棋步和战术招法组合来决定的。

1. … R×f2!!（图 129）

充满战斗激情的弃子！伴随而来的是白方王翼防御城堡的大门被炸开。黑方一定是蓄谋已久了，否则 1. … R×f2 不仅是弃车，还要考虑 g4 马的危险。

2. h×g4

白方另外一种走法是 2. R×f2。但是经过 2. … Bh2+ 3. Kh1 N×f2+之后，黑方将军抽后，获得巨大的子力收益。

2. … Qh4（图 130）

图 129

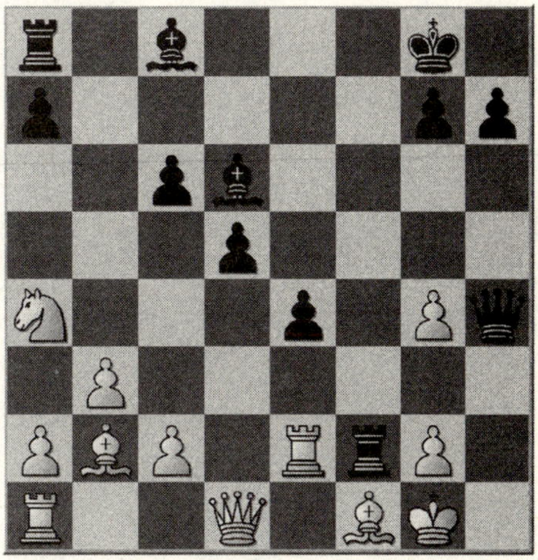

图 130

黑方的进攻坚定而有力！显示出棋手高超的精确计算能力。

棋手都有这样的体会：在弃子抢攻的战术组合实施过程中，如果接下来的招法伴随着将军，棋手的计算任务就会变得容易一些。相反，如果弃子之后进攻方需要走那些控制性强的招法，计算的工作量就一下子增大了很多。可不是吗，将军时我们只需要考虑对方有哪些方法可以应将，把思路聚焦在对方应将上就行了。而其他那些没有将军效果的招法走了之后，对方有多种应对方式，谁知道中间会不会出现什么差错？所以就会令棋手计算的工作量骤然加大。

黑方在图 130 所显示出的意图非常清楚，就是奔着白方的 h2 格来的。当然，如果时间充裕，黑方甚至想再走一步 Bg3，确保白王无法逃脱。不过，我们这里说的是“如果时间充裕”。临场局势瞬息万变，要求进攻方必须提前把后续可能发生的变化计算清楚，否则弃子就变成了送子。

3. Qd4

威胁在 g7 格将杀黑王。此时白方真的没有什么好办法来阻止黑方在王翼上将军的行动。此外，正如前面我们提到的那样，假如白方不给予黑方局面一些压力的话，黑方甚至可以放慢进攻节拍，走 Bg3 之后再 Qh2 将杀，这样可以确保白王无处可逃。

3. … Qh2+

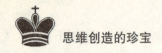

黑方计算清楚，连将杀王的行动开始了。另外一种将杀办法是 3. … Bh2+ 4. Kh1 Bg3 5. Kg1 Qh2#。

4. K×f2 Bg3+ 5. Ke3 Qh6+ 6. g5 Q×g5#

白王无路可走，黑胜。

第十章习题：

◉ 白方先走，利用开放线路战术取得胜利或胜势局面。（图 131 ~ 134）

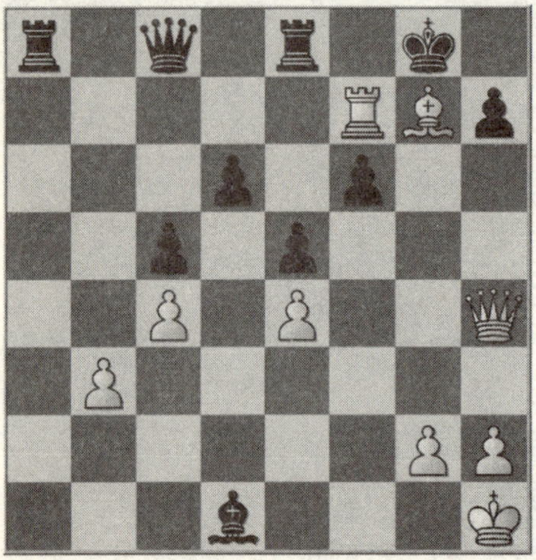

图 131

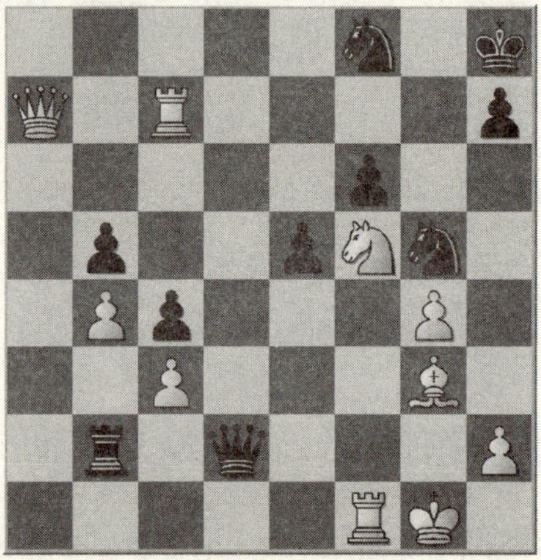

图 132

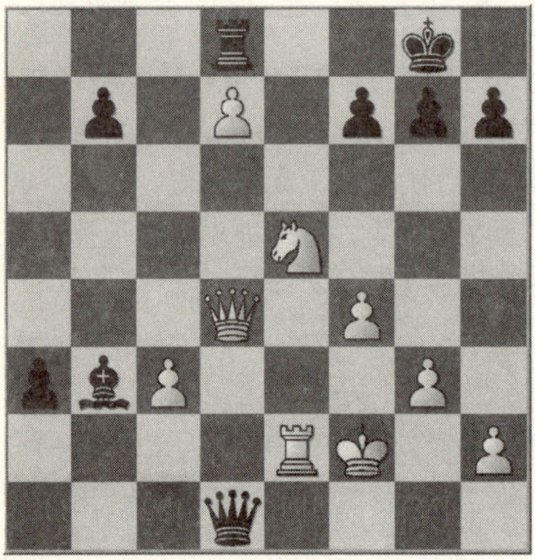

图 133

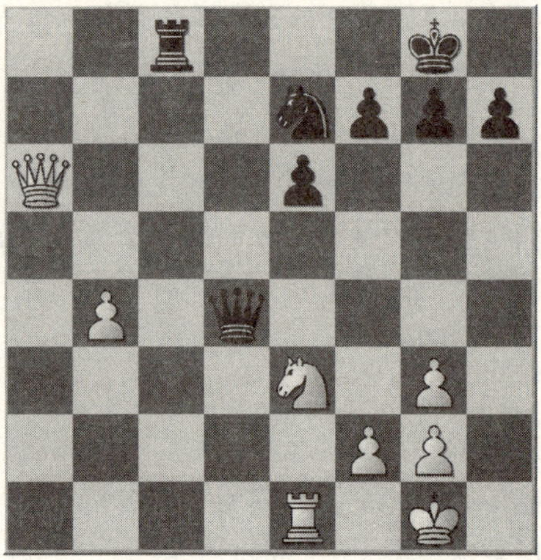

图 134

◉ 黑方先走，利用开放线路战术取得胜利或胜势局面。（图 135 ~ 138）

图 135

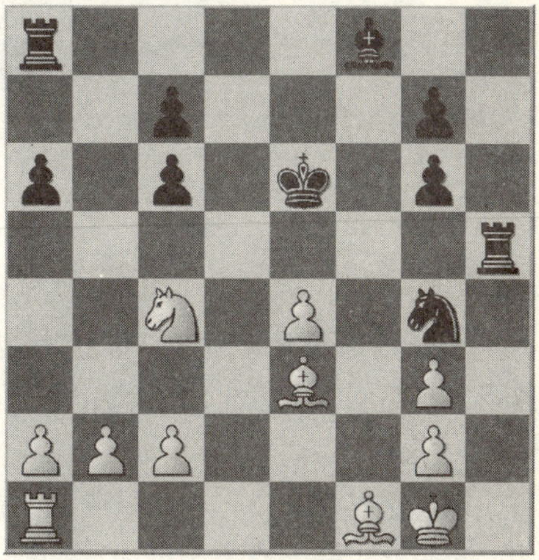

图 136

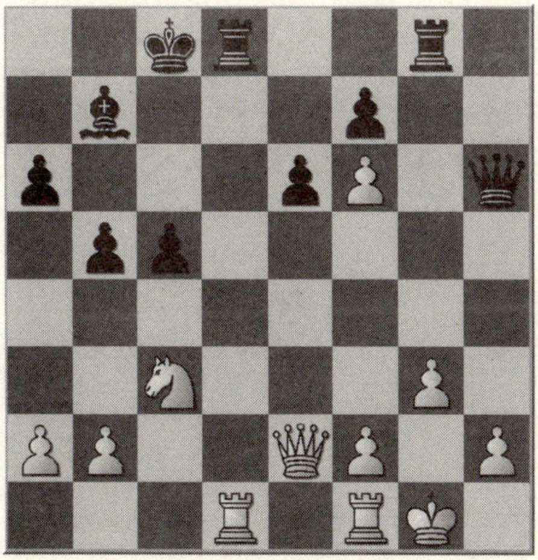

图 137

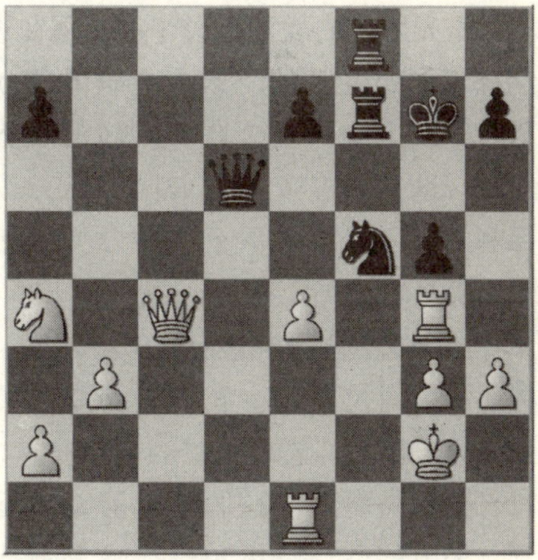

图 138

第十一章　X光射线

一提到X光射线，我们马上就会感受到它那极强的穿透力。用X光射线来形容棋盘斜线上发生的战术组合，强调的是贯穿整个棋盘的长长短短的斜线进攻。

国际象棋棋子中，后和象能够沿着斜线的线路前行，具有长距离攻击的能力。X光射线弃子战术中最后实施进攻的棋子便是后和象，它们穿透整个棋盘，在畅通的斜线线路上攻击目标。不要小瞧只能在一种颜色格子中行动的象。特别是当进攻方的象从棋盘一翼远远控制着对方王的活动空间时，这个象就极具威力，因此我们就不应该再把象当成一个简单的轻子来看待。

X光射线的战术机会往往出现在进攻方象的斜线进攻线路通畅、火力紧紧围绕着防守方王的时候。此时的象和后在斜线上如同一个威力剧增的攻势组合。这样的进攻组合如同一台刀刃锋利的切割机，一下子令防守方的王僵在那里，动弹不得。

图139

图139，轮到黑方走棋。从黑象与黑后的子力位置上，我们是不是能帮助黑方看出一点进攻路线的端倪？

分析局面后，我们可以清楚地看到，黑方的后与象在h1——a8斜线线路上，对白方位于g1的王发出了隐隐的进攻威胁。虽然看上去白方的王前阵地并非安全无忧，但是此时白棋同样对黑棋的阵地发动了强烈的攻击威胁，因此只要黑方在接下来的行动中不能马上令白方缴械投降，那么白方完全可以不用担心自己“只是看起来”虚弱的王前阵地。

黑棋在接下来的行动中能马上摧毁白方的王前阵地吗？时间紧迫，黑方必须找到强制性的进攻方案，否则白方的进攻将无法阻挡。

1. … Qg2+!

黑方弃后。黑棋的弃子连带将军，白方必须应对。黑棋目的只有一个——令黑象在 h1——a8 斜线上抢先发挥作用。这样弃后将敌方的王引入受攻区域的战术打击方式，我们在引入战术中也能找到。由此可见，条条大路通罗马，国际象棋不同类型战术之间存在很多异曲同工之处。

2. K×g2 Nf4+

白王同时遭遇了黑方马和象两个棋子将军，因此应对方式只有避将，即把王躲到其他地方。需要提醒的是，棋手在计算棋局变化时，有时会犯下只着眼于眼前的威胁和利益，却缺少长远眼光的错误。例如刚刚黑方走 2. … Nf4 这步棋。假如黑方选择走 2. … Ne3，同样是双将，但是，当白方接下来应以 3. Kg1 的时候，黑方却找不到可持续的进攻办法。记住，棋手在计算后续变化时，一定要学会想好了再走棋，而不是走一步看一步。

3. Kg1 Nh3#

黑方位于 b7 的象牢牢控制着 h1——a8 斜线，将白王死死地“锁”在 g1 格。当一切条件成熟的时候，黑马跃入 h3 的将军便成为制胜的一击！

常言道，决定棋局胜败的不是棋子的数量，而是棋子所在的位置！在开放线路进攻战术的弃子中，棋手需要考虑的正是这个问题：究竟哪个棋子在攻击过程中最能发挥作用，而不是究竟哪个棋子的价值更高。正如我们刚刚看到的例子一样，黑方凭空弃后，为的是让藏在后面更多的棋子发挥作用。这时，我们的脑海里就应该把几个棋子看成一个组合来估计它们的效能，不要再去计算单个棋子的原本价值。

图 140，轮到黑方走棋。面对白棋气势汹汹的攻势，黑方必须加快行动节奏，力争以短平快的方式解决战斗。

我们会注意到黑方隐藏在棋盘角落 h8 格的象和位于 a 线上通路的后和车。而后我们免不了会期望黑象的位置不是在 h8 格，而是在直接发挥控制 a1——h8 斜线上的其他位置上。白方位于 e5 格的象真是碍事！在进攻的思

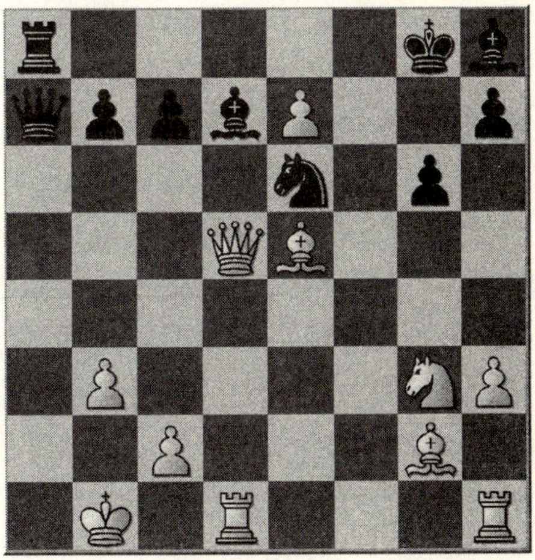

图 140

路受到阻力的时候，我们开始想办法去冲破阻力，解决问题，于是下面的招法就会进入我们的眼帘。

1. … Qa1+!

黑棋用弃后手段把白方位于 e5 格的象强行撼动，逼迫白方离开阻挡在 a1——h8 斜线上的防守子力。

2. B×a1 R×a1#

黑棋车、象联手，成功将杀白王。

图 139、图 140 给我们留下印象最深刻的是黑棋零代价的弃后行动。对局过程中，棋盘上发生频率最高的事情就是双方子力的交换。有时这样的子力交换是等值的，有时根据棋局需要是非等值的，还有像图 139、图 140 那样为了抢夺进攻先机进行零代价弃子的行动。

众所周知，棋子数量在某种意义上决定着哪一方拥有更强的实力。在最初学棋的时候，我们也都在棋书上看到不少有关棋子价值的信息，例如后 = 10 分，车 = 5 分，象和马各 3 分，兵 1 分，等等。随着棋子的相互交换，双方所掌控的“军队”数量也随之发生变化，由此带来棋局形势的改变。

其实，这些关于棋子价值的数字更多只是供参考（对于初学者特别有用）的一个数据，在实战过程中棋子位置对它们真实价值的高低影响很大。有时，一个能发挥作用的小兵，威力和价值远远胜过一个重子。因此，棋手临场需要做的事情就是在常态局面下将棋子的评分标准牢记于心。在实战中，则要根据具体局面要求，通盘做出合理的判断。

图 141，轮到白方先走。首先我们来分析一下局面，从双方子力数量上可以看出黑方处于上风。如果白棋简单地走 1. R×a4，显然不能带来理想的局面，仍然要在一个劣势残局中为和棋而苦苦挣扎。白棋有什么机会扭转局面吗？假如我们缺少战术进攻意识的话，则会忽略白棋在白格中的战术机会。没错，黑棋的王和后都处于白格，而白方的白格象正好可以与车联手，组织一次巧妙的战术袭击。

图 141

1. Ra8!!（图 142）

1. … Qa2

图 142

黑后位于一个非常尴尬的位置上。如果走 1. … Q×a8，则会遭遇白棋 2. Bf3+将军抽吃的打击。如果走 1. … Qe6，白方则会走 2. Ra6+直接将军抽后。黑棋走 1. … Qd5 显然也不行，因为白棋可以采用牵制战术走 2. Bf3，直接把黑后拴死。那么，黑棋能走 1. … Qc4 吗？也不行，因为白棋可应以 2. Rc8+将军抽后。黑方的后还有最后一个去处，就是到 h7 格。但是经过 1. … Qh7　2. Bg6 Q×g6　3. Ra6+之后，白棋同样可以成功把黑后擒拿。

2. R×a4!!（图 143）

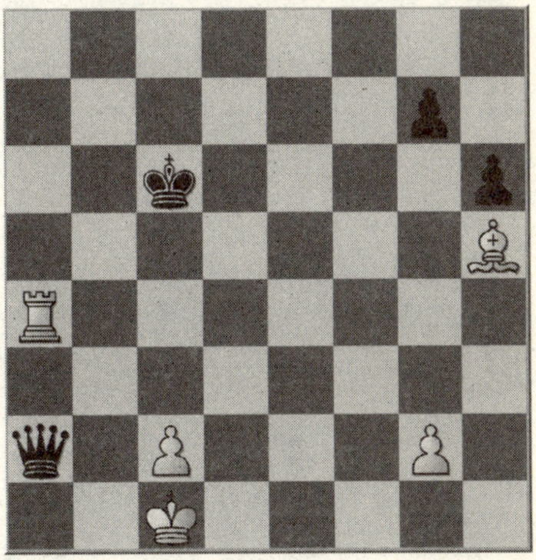

图 143

白棋的进攻颇有些得寸进尺的味道，真是有点太欺负黑后了。

2. … Qg8

黑后没有好位置可走。如果 2. … Qd5 的话，白棋将 3. Bf3 活捉黑后。如果 2. … Qe6，则是 3. Ra6+抽后。如果 2. … Q×a4 吃车，白方将应以 3. Be8+，白象从另外一条斜线上发威，抽吃黑后。

3. Ra8!!

颇有终点又回到了起点的味道。与图 142 唯一不同之处在于黑方的 a4 兵已经消失，这样的话黑后不能再往 a2 格逃窜了。白车完美地利用了 h5 格象在斜线上的潜在威力，令黑后无处可逃。现在，不管黑棋怎样走，都会被白棋抽将消灭，至此白棋获得胜势局面。

战术弃子的进攻往往出现在一些看似不可能的局面中，将“不可能”的进攻转变为“可能”的弃子行动，这需要棋手大胆的创造性思维方式和扎实强大的攻击能力。记住，我们可以为棋子设定高低不同的原始分值。但在实战过程中，一切都以局面需要为第一评判标准。

第十一章习题：

◉ 白方先走，利用 X 光射线战术取得胜利或胜势局面。（图 144 ~ 147）

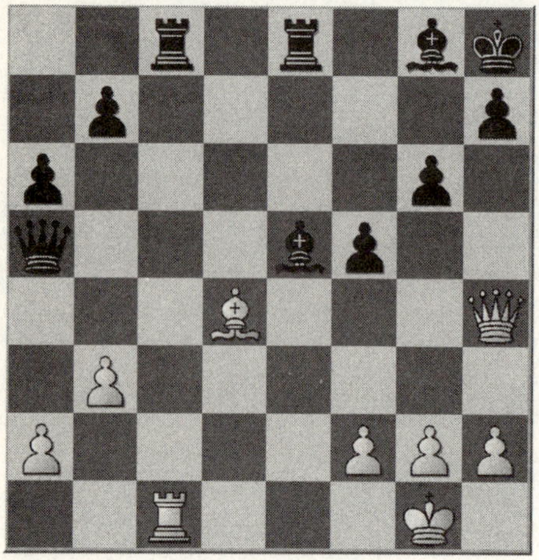

图 144

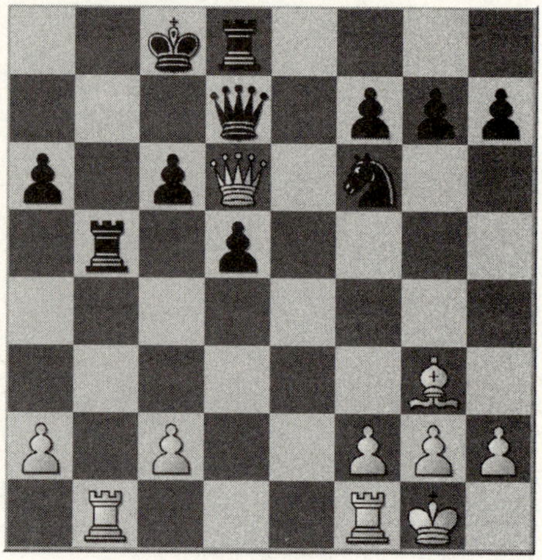

图 145

图 146

图 147

◉ 黑方先走，利用 X 光射线战术取得胜利或胜势局面。(图 148 ~ 151)

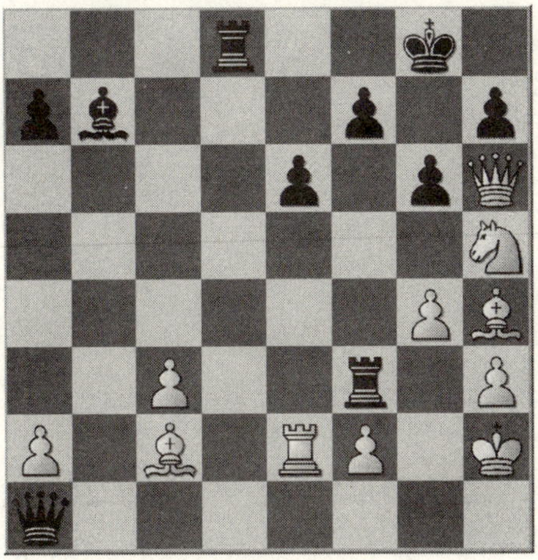

图 148

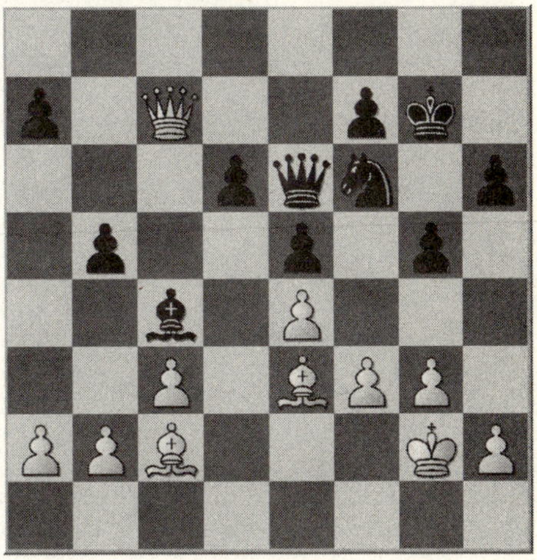

图 149

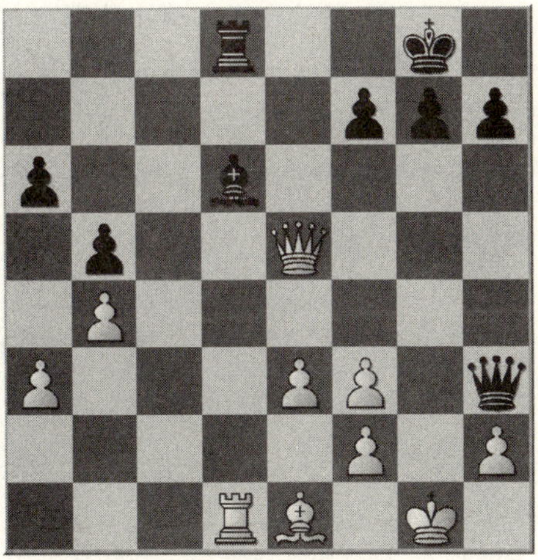

图 150

图 151

第十二章　腾　挪

我们经常会遇到这样的情况——自己的某个棋子正占据着棋盘上非常有用的格子或线路，却又正好妨碍了己方的其他棋子发挥决定性的进攻作用。于是，棋手接下来要做的事情肯定是苦心设计，看看怎样才能把那个“碍事”的棋子用最快的速度走到别处，这样就可以把有利位置腾出来。进攻过程中，时间就是效率，因此最快的方式往往就是用战术弃子的手段逼迫对手应对，然后快速用己方其他棋子占据那个能发挥进攻作用的格子或线路，进而发动决定性的进攻。

为了腾出有效进攻格子或线路的弃子走法称作腾挪战术。“腾挪”一词在国际象棋战术中就是用弃子的方式腾开某个棋子正占据的位置，腾出格子或线路以供己方另外更适合的棋子。腾挪战术可以是腾出格子，即通过弃去占据某个格子的子或兵，以便为自己的其他子力腾出该格；也可以是腾出线路，即弃去挡住己方重要线路的子力，以期达到让隐藏在后面的棋子发挥作用，给予对方阵地更强劲的打击。

图 152

图 152，轮到白方走棋。分析局面后我们可以得出白方占据上风的结论。因为单纯从子力数量上看，黑方的一个后相当于白方的一车、一马和三个兵，白方显然拥有一定的子力优势。但是，优势不等于胜势。特别是在残局当中，由于双方不均衡的子力配置和相对开放的棋局状况，未来发展过程中黑方还是具备很强的防守能力，白方取胜的道路依旧漫长。白方能够找到快速发展局面，将优势转变为胜势的

办法吗?

在寻求取胜办法的时候，我们忍不住会想：唉，要是白兵不在 g5 格多好，这样白棋就可以走 Ng5 将军抽后了！是呀，g5 兵真是太碍事了，我们怎样把这个兵处理掉呢?

1. g6+!

好棋！白方弃兵，为的就是把 g5 格先手腾出来留给马。

1. … B×g6

黑方必须无条件应将。由于白方 1. g6 将军同时威胁吃后，因此黑方只能用消将的方式来处理。黑棋当然不能走 1. … Q×g6，那样白方只需走 2. R×g6 便可以将局面引到一个多子的胜势残局。

2. Ng5+ Kg8 3. N×f7

白方净多一车，取得胜势局面。

在一些进攻过程的瞬间，棋手的思路往往集中在如何组织攻杀和具体计算上。假如棋局上发生的一切变化都遂人愿的话，那么棋手的思路便会特别顺畅。而一旦遇到了阻碍，特别是遭遇到了对手强劲反击的复杂对攻局面时，有些棋手的信心就开始动摇，轻易放弃进攻角色，转为防守。殊不知，有些局面棋手是可以在攻与防两种角色之间进行转换的。而有些局面，必须抱着鱼死网破的决心，坚持到底，与对手一决高下。

图 153，轮到黑方走棋。棋局形势紧张，争斗激烈。让我们先从黑棋的角度思考，看看如何才能找到最佳招法和进攻方案。权衡之后，我们发现图 153 是一个双方棋手都不容走出缓招的局面，双方的王都处于暴露的受攻状态并且难以构建有效防线。因此，在这样的局面中最佳的防御便是进攻。假如此时黑棋只简单地走1. … Q×a2+，那么经过白方 2. Kh1 应将之后，白王暂时不会受到进一步的致命威胁，就该轮到黑王受煎熬了。

图 153

否定了 1. … Q×a2+的走法之后，我们需要继续为黑棋寻找有效的进攻方案。这时，我们发现假如黑方位于 f3 格的不是车而是马的话，白方的王面临将杀。那么，如何令黑方位于 f3 格的车快速“消失”呢?

1. … Rf2+　2. Kh1

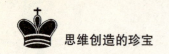

黑方的进攻似乎又陷入了僵局。此时黑棋多么希望自己的马已经在 f3 格的位置上，这样黑棋就可以走车 g1 将杀。但是显然，黑棋已经没有时间按部就班地把马走到 f3 格了。怎么办？

2. … Rh2+!!（图 154）

黑方用弃车的办法将白王再一次强行引到 h2 格，为下一步跃马将军制造条件。这样的弃子手段当然应归属到引入战术类型当中。

3. K×h2（图 155）

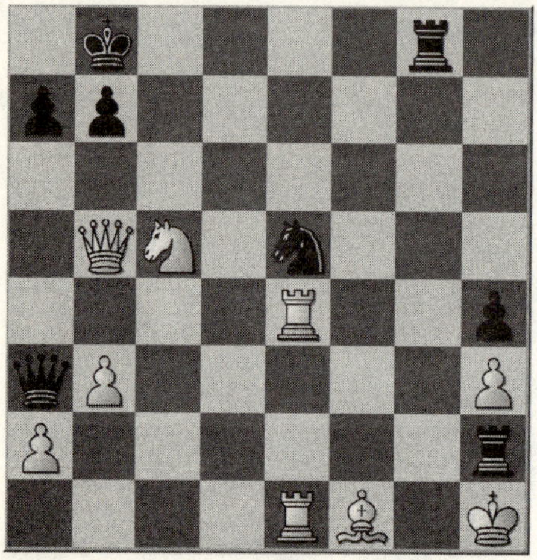

图 154

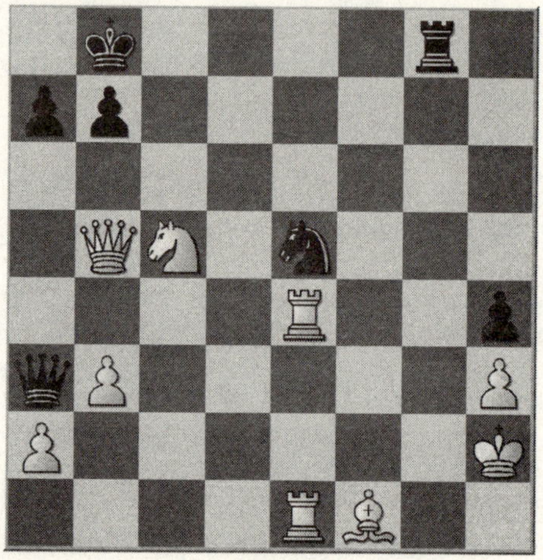

图 155

看，与图 153 相比较，唯一的改变，是黑方的 f3 车不见了。

3. … Nf3+

对局走到这里，我们欣然看到黑方利用车的连续将军和弃子，顺利把 f3 格腾出来，以便让马可以先手带着将军走到 f3 格实施致命一击。

4. Kh1 Rg1#

黑方顺利将杀白王，取得胜利。

本章所介绍的棋局片段中，图 152 的局面属于那种非常直观的、棋局当中己方某个棋子占据了“碍事儿”的格子的腾挪战术机会，往往不容易错过。图 153 局面属于攻防角色无法转换，逼着棋手必须硬着头皮选择强攻。但是，在实战对局中，类似如此明显的战术机会，多数情况下处于防守一方的棋手都会予以提前预防，因此不太容易发生。同样，有很多时候，局势较为平稳，这时就需要棋手能够未雨绸缪，提前设计攻防计划，并且敏锐把握战术弃子的时机。因为即使存在战术弃子打击的机会，但是这些战术机会往往隐藏在机会发生的好几步棋之前，这就需要棋手有能力预见并创造机会，找到最厉害的招法，将棋局引向胜利。

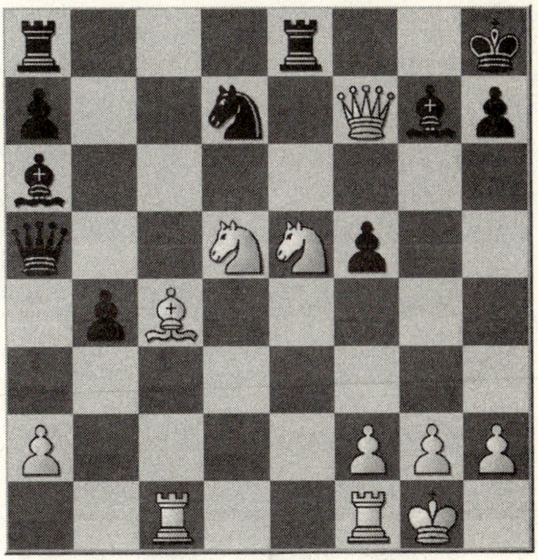

图 156

图 156，轮到白方走棋。当然，此时白方已经可以采用一种比较简明的方式 1. N×d7 获取子力优势。但是毕竟这样的走法只是得到物质优势，并没有令棋局立刻结束。白棋有没有更好的办法呢？白方那么多棋子都集中在前沿阵地，已经把黑王逼到棋盘的角格，不来点干净利索的战术手段，实在有点胜之不武。

但是，当设想采用战术组合的方式来获取胜利的时候，我们头脑里构思出的将杀黑王的方法是什么呢？即使结合腾挪战术，大概也不会一下子就看出来白方具体是哪一个棋子妨碍了进攻，占到一个不该属于它的位置。没错，白方不止一个棋子占错了位置！所以我们需要考虑让更多的棋子挪个窝儿。

1. Qg8+！ K×g8

将黑王引出来。我们看到白棋首先采用的是引入战术，强行将主要进攻目标逼到一个受攻的位置。黑方不能采用 1. … R×g8 的方式消灭白方送上门来的后，因为白棋已跃马到 f7 格实施将杀。

2. Ne7+

白方的马和象同时将军，黑方必须采用避将的方式应对。现在，白象在斜线上的威力充分发挥出来，白棋的战术打击又具备了 X 光射线的特点。

2. … Kf8

黑方不能走 2. … Kh8，因为白棋可以 3. Nf7#将杀黑王。

3. N5g6+ h×g6　4. N×g6#

通过图 156 的例子，我们看到在一个短短的攻击过程中，可能综合体现了好几种战术的特点。接连弃子，终于将己方的棋子运送到最能发挥作用的位置，白胜。

我们已经看了好几个腾出格子的战例，下面让我们一起来分享一个腾出线路的棋局片段。

图 157，轮到白方走棋。我们看到白棋处于进攻态势，但是在棋子数量上略处下风。白棋的进攻当然应该围绕着黑王进行快速打击，黑王阵地前面简直

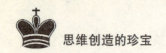

是太空虚了。但是白棋要想用短平快的手法解决战斗，需要找到正确的手段。

1. Bh8！（图 158）

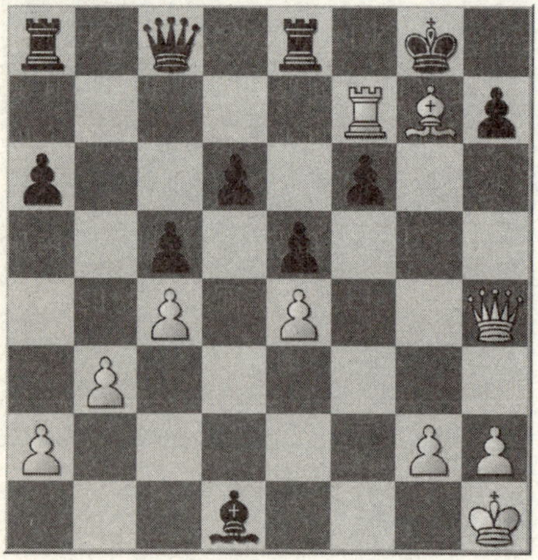

图 157

图 158

白棋巧妙地弃子，目的在于打开第七横线线路。选点正确，此时白车正处于黑王的攻击范围中，只有把白象走到 h8 格，才能在亮出第七横线的同时，保持对 f6 格的监控。

1. … K×f7

黑棋实在没有其他途径来防护自己的 h7 兵不失守。但是，黑王走到 f7 格，白方后和象的组合又把黑王逼入绝境。

2. Q×f6+ Kg8 3. Qg7#

白棋成功将杀黑王，取得胜利。

腾挪有时需要进攻方弃子才能达到目的。不过也有一些局面，实施腾挪战术的效果不在于要抢占棋盘上的某一个格子或线路，而是把行棋权从自己的手中交到对方的手中。这也是我们通常所说的“等招”或者“过门儿”，或者有时也被称作顿挫。“等招”、“过门儿”和“顿挫”都属于国际象棋战术技巧。在本书中，我们根据战术实施的特点将相关、相似的一些战术手段归在一起介绍，目的在于令大家对战术间的相同、相似之处增强感性认识。数学有“合并同类项”。不同特点战术之间具有很多相通之处，了解并熟知这些特点，有利于棋手更好地评判棋局，把握临场战术机会。

图 159 当然是白棋胜势，现在我们需要回答的问题不是白方如何取胜，而是白棋怎样在两个回合之内将杀黑王。

两个回合取胜的要求令我们一下子否定了很多白棋非常简单的取胜方式。

图 159

如此一来，白方第一步棋不能将军，不能吃马，不能随便走王，因为这些招法都不能做到两个回合之内将杀黑王。

1. Rhg7!

这步棋看似一点儿用都没有，但是就是这样一步看着像废棋的招法，令黑棋在接下来的一步棋后自投罗网，送出将杀。

1. … Ne8

黑棋另外几种走法也不能避免被将杀，例如：1. … Nc8 2. Rg8#；1. … Kc8 2. Ra8#；1. … Ke8 2. Rg8#，白棋都能按照要求完成两步棋将杀任务。

2. Ra8#

白胜。

腾挪战术需要棋手机敏果断的同时，还要有耐心。

第十二章习题：

◉ 白方先走，利用腾挪战术取得胜利或胜势局面。（图 160 ~ 163）

图 160

图 161

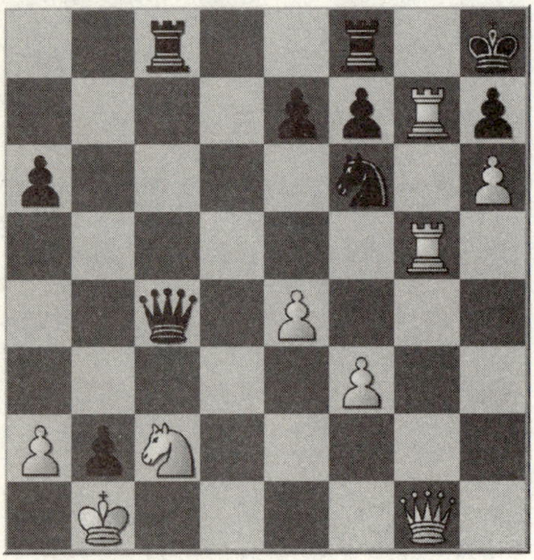

图 162

图 163

◉ 黑方先走，利用腾挪战术取得胜利或胜势局面。（图 164 ~ 167）

图 164

图 165

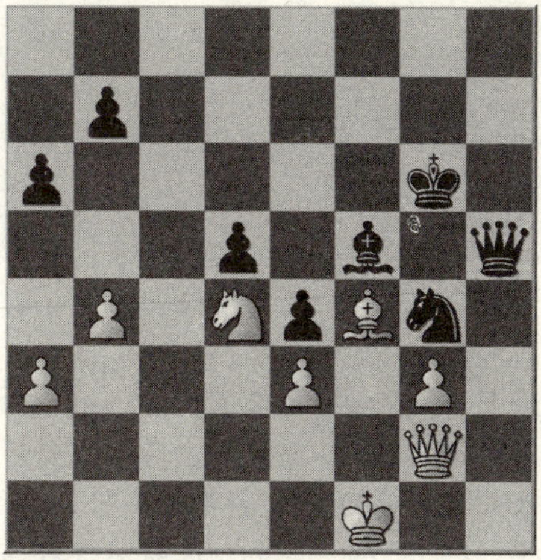

图 166

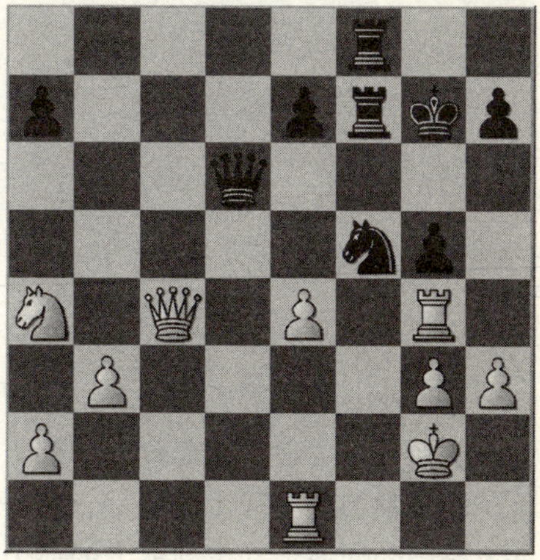

图 167

第十三章　闪　击

当进攻方的若干子力处于相同的线路上时，将位于前面的棋子迅速闪开亮出后面棋子，使原本隐藏着的棋子发挥出进攻威力，达到攻击对方主要目标的走法称为闪击战术。当然，闪开前面的棋子以亮出后面棋子进行攻击，并不是随随便便走动位列前方的那个棋子就行了，这步棋必须同时要带有强大攻击能量。也就是说，闪开的那个棋子在行动时也在发挥攻击效能，例如制造将杀、抽吃对方棋子、拦截、腾挪等战术打击手段，这样才能令防守方难以应对。

众所周知，各个棋子的走法和特点不同，因此在闪击战术的运用过程中，最后“亮剑”发挥攻击作用的棋子一般是后、车、象这几个有长距离进攻威力的棋子，而进攻目标大多针对对方的王和后，这样就能达到逼迫受攻方必须马上做出应对的目的。

图 168

图 168，轮到白方走棋。这是一个异常尖锐复杂的对攻局面，双方的王都在不同程度上受到了对方的进攻。白方进攻行动必须快速有效，因为黑方凭借多一个车的优势足以令白棋无暇按部就班设计行动计划和方案。

白方如何利用轮到自己走棋的先行之利，直接发动足以摧毁黑方防线的进攻呢？正如我们刚才提到的那样，白方子力数量处于劣势，且双方的王都处于对方炮火攻击之下，因此白方第一步棋必须是带着将军的行动！否则，黑方完全可以不予理睬，用消灭白方王前 b2 兵抢先将军的方式予以回击。

明确了白棋任务之后，接下来进入我们脑海的问题就是选择突破口。目前，由于黑方的 g8 象已经将 h7 格牢牢防守，因此我们思考白方下一步棋的时候，就要考虑怎么走才是正确的弃子突破。

经过分析计算之后，以下的招法自然而然“跳”了出来：

1. R×g6+!

白方弃车，一箭双雕！第一，令黑方的王前屏障破碎；第二，把黑王引到 g6 格之后，为 d3 格的象制造进攻机会。

1. … K×g6

黑王被“请”到 g6 格。虽然白方位于 e4 格的马暂时阻挡住 b1——h7 斜线，但是 g6 格可不是黑王的安全驿站，因为这里正处于白方 d3 格象的潜在进攻范围之内。下一步棋，白马应该往哪里走呢？

2. Nd6+(图 169)

白马闪开斜线线路，亮出藏在后面 d3 格的象！其实，此时白马除了走到 d6 格之外，跃到 g3 格也能为后面走到 f5 格做准备，同样是一个不错的选择。

2. … Kf6

黑王没有安全的位置可以选择。如果 2. … Kh6，白方则应以 3. Nf5+，黑后被抽吃。

3. Q×d8+

图 169

接下来黑方的后将被抽吃。白方获得决定性的子力优势，获得胜势局面。

图 168 的例子，我们看到白方先弃车将黑王引入受攻区域，然后位于斜线前方的马闪开，令 d3 象发挥将军的威力。这样的打击方式不仅是闪开棋子进行攻击，更确切地说应该是闪将战术。闪将战术指的是进攻方闪开位于同一线路前方的棋子时，正好令位于后面的棋子发挥将军作用。

不过，本书我们把闪将战术的进攻手法归入到闪击战术这一大的范畴之中。因为它们的战术实施手法类型相同，因此我们把两者归在一起进行介绍。严格意义上讲，闪将更像一个具体的微型战术种类，包含在闪击战术大的类别中。无论是闪击战术还是闪将战术，大多在后、车、象等远射程子力与其他子力配合时运用产生，我们通常说到的抽将便是运用闪将战术之后的胜利成果。

闪将与闪击的最大区别在于：闪击战术没有将军，而闪将战术则将攻击目标瞄准了对方的王。

需要再次强调的是，棋手学习战术进攻手法的时候，千万不要拘泥于战术的名称和归类，追求那些形式化的东西。战术贵在具体的操作执行，棋手提高战术进攻能力贵在找到相关局面特点，掌握不同特点的战术当中所拥有的共性因素。要知道，很多战术之间存在相似和关联。例如把腾挪战术与闪击战术相比较，就会发现两者之间存在的共通之处，就是把正处于妨碍进攻的棋子闪开或弃掉，从而达到目的。

图 170，因为白方少了一个后，所以白棋的进攻必须一气呵成，不能给黑方任何喘息时间。白方的象走到 f6 格和 h6 格都能达到双将的效果，走到哪里更好呢？

图 170

1. Bf6+

白方的车和象同时将军，逼迫黑王采用避将的方式离开 g7 格。通过对 1. Bh6+ Kh8 2. R×g8 N×g8 的否定，我们排除了白象走到 h6 的可能性。当然，由于黑方的 h4 兵正在攻击白方位于 g3 的车，所以 1. B×e7+的变化也不成立。

1. … Kh6

黑王只有走到这个看着就令人感到危险的位置。没办法，如果黑方走 1. … Kf8，白方则会应以 2. Rd8#。

2. Bg7+

好棋！白棋的车与象再次同时将军，白方位于第六横线的车与黑格象一起联手发威。黑王除了继续逃窜之外，还是没有其他选择。

2. … Kh5　3. Rh6#

经典的双车杀王“造型”，白胜。

通过图 170 的例子，我们可以总结出这样一条经验：运用闪击战术时，位于前面的那个棋子并不是随便走到一个安全可靠的地方即可，而是走到能够威胁、消灭对方棋子的那个格子中。无论是闪击战术还是闪将战术，前面棋子走动时可能不仅达到亮出后面棋子线路的目的，同时还带来实际的子力获取，有时则是同时将对方的王，进而成功制造将杀。

老实讲，闪将战术比闪击战术更不容易被错过，因为是进攻方自己的棋子前后排列，剑指对方的王。而当这一“闪”没有连带将军的时候，进攻方比较难以把握走子次序，从而错过进攻时机。

图 171，轮到白方走棋。乍一看战斗的焦点聚集在双方即将交换的两个后身上。假如白方接受兑换皇后的邀请，那么局面将进入一个大致均势的残棋。假如白方拒绝兑换皇后，就必须浪费一步棋将后走到其他位置，这样的走法恐怕也不能为白棋带来满意的局面。不过，在这个看似非常平淡的局面中却隐藏着厉害的战术打击机会。白方精确地把握战机，运用闪击、引入、击双等一连串的战术进攻手段赢得胜利。

图 171

1. Nf6!!

引入战术！弃马的目的在于将黑方的王强制引到一个可能受到攻击的不佳位置。这步棋看似与“正常”的思维逻辑毫不相干，需要具备非常敏锐的战术进攻嗅觉才能发现实施战术弃子突破对方防线的机会。

1. … K×f6

黑方没有办法。因为在 1. … Q×f3 2. N×e8+！（图 172）之后，白方先不消灭黑后，而是采用过门儿的走法 2. N×e8+吃车将军，接下来的变化将会是 2. … Kg8 3. g×f3，白方借助巧妙精确的走棋次序抢得先手，黑方无疑要面对少一车的结局。

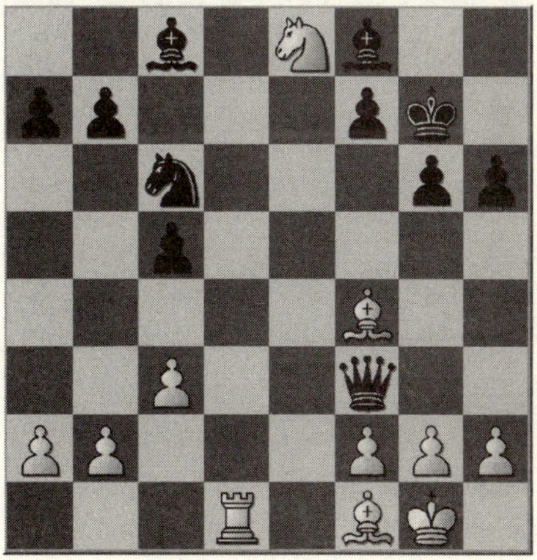

图 172

2. Be5+!

闪击战术！引入战术！双将战术！白方这样一步 Be5 具备了三种战术手段的特点！弃象的目的在于把黑方的王逼到 e5 格，为后面一连串的进攻做准备。

2. … K×e5　3. Q×e4+ K×e4

4. Re1+ Kf5　5. R×e8（图 173）

击双！白方的车同时攻击黑方的 c8 格象和 f8 格象，黑方无法让两个象一起逃跑，无奈接受子力损失。

5. … Be6　6. R×f8

棋局至此，白方获取了巨大的子力优势，在残局中将迎着胜利的曙光前行。

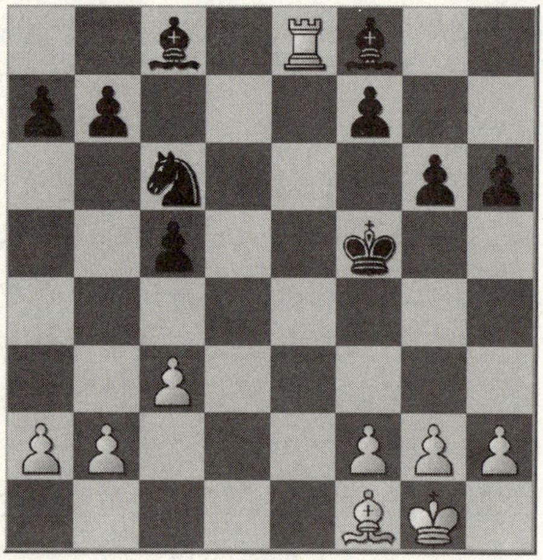

图 173

记住，使用闪击战术的时候，进攻方原本隐藏着的棋子威力一下子释放出来，同时那个排在前位的棋子所到之处也会产生攻击效果，因此受攻方无异于同时受到多重打击。闪击战术通常与击双战术以及闪将战术同时发挥作用，战术的结局通常是防守方只能顾及一个受攻目标的防守，放弃另外一个，无法全面兼顾防守任务。

第十三章习题：

◉ 白方先走，利用闪击战术取得胜利或胜势局面。（图 174～177）

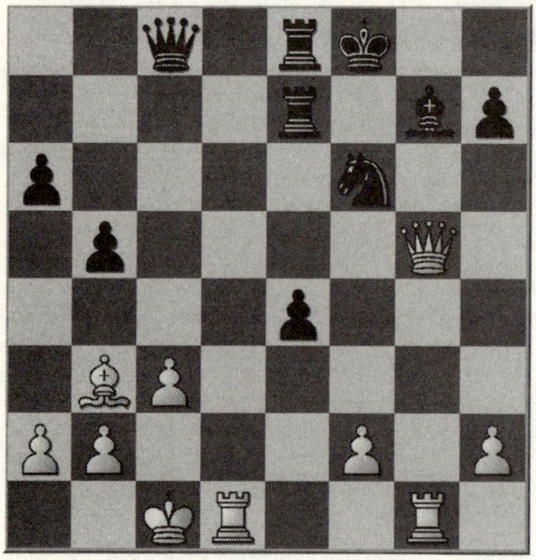

图 174

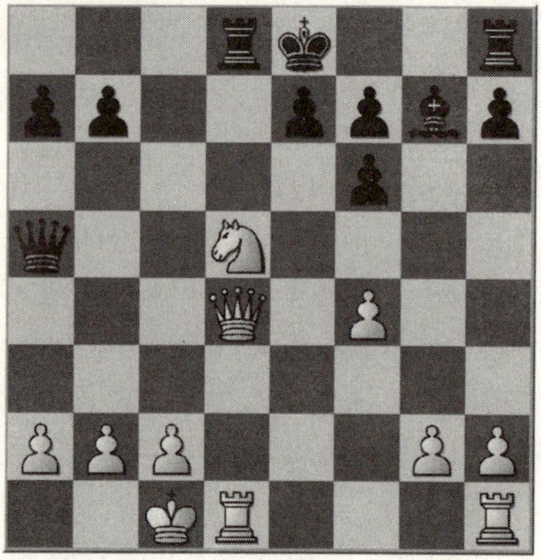

图 175

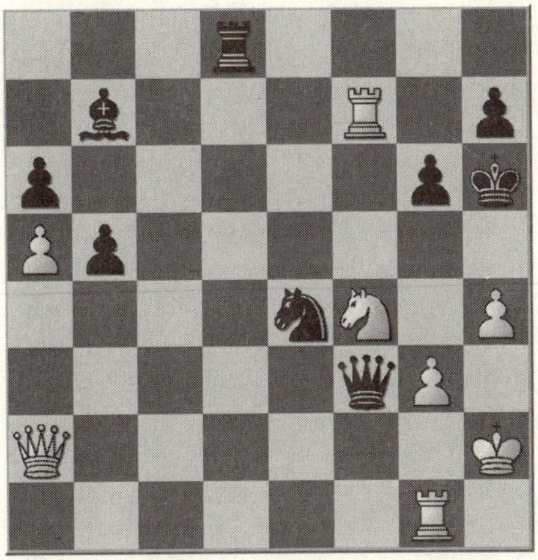

图 176

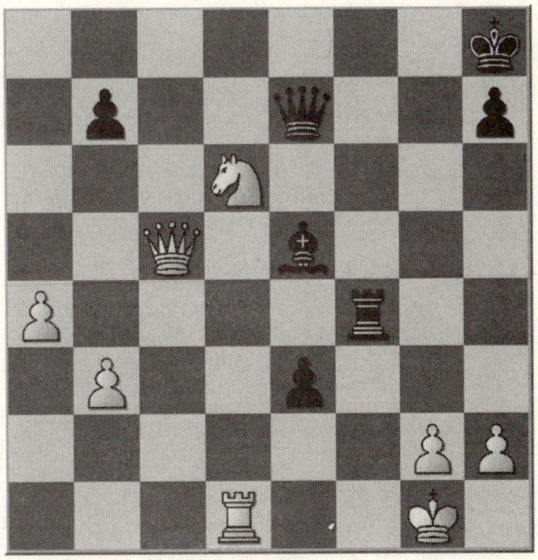

图 177

◉ 黑方先走，利用闪击战术取得胜利或胜势局面。（图 178 ~ 181）

图 178

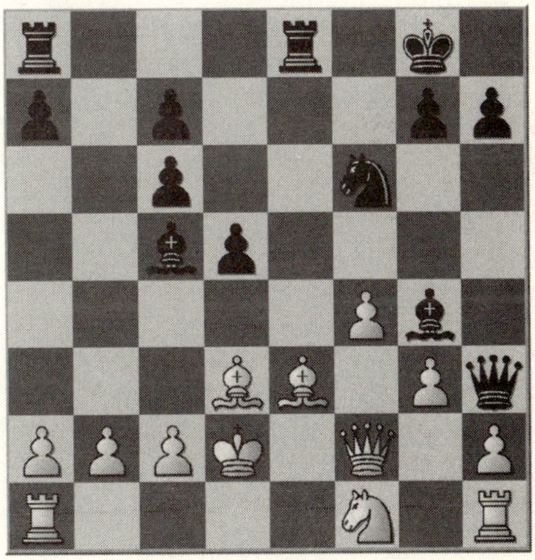

图 179

图 180

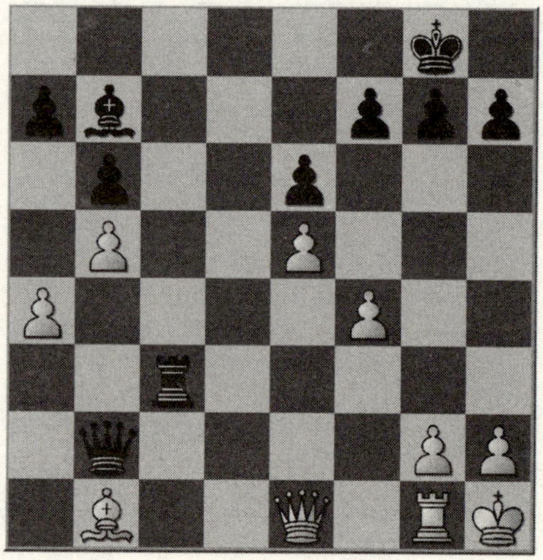

图 181

第十四章　底线弱点

说到底线弱点，我们脑海里出现的第一个画面恐怕就是进攻方的棋子在棋盘的底线（第一横线或第八横线）发威，而对方的王被困在底线无处可逃，形成将杀的构图。底线弱点通常发生在完成王车易位之后，位于棋盘一翼的王缺少向前一横线活动的空间，而此时在底线上进攻方的棋子构造出的将军威胁就变成致命的打击。

底线弱点是一种局面特征。同时，底线弱点也是一种采取弃子抢攻，利用对方的底线弱点制造将杀或夺取足以制胜的优势局面的战术手段。作为进攻方，当你看到防守方的王前活动空间被几个兵或其他棋子所占据或防守方的王所在横线上缺少足够的防守子力时，就要去谋求利用对方底线弱点的进攻。底线弱点的进攻经常会带来俗称“闷将杀”的威胁。这样的进攻往往是致命的，因此防守方为了保护王城不失，需要付出巨大代价。

图 182，轮到白方走棋。分析局面时我们看到，黑方具有一定的子力优势，虽然位于 a2 的马不能立即发挥作用，但是假如黑棋拥有足够的时间进行子力调动，那么子力数量上的优势将逐步得以发挥。看到了这一点之后，我们就会明确白方必须以快速进攻为宗旨，这样才能有效弥补子力上的劣势。

图 182

白棋的进攻点在哪里呢？黑方的王看起来位置还不算太差。有了黑后在 d6 格的坚固防范，白方假如直接走 1. Re8+将军，黑方无论走 1. … Rf8 还是 1. … Kf7 都可以应对。然而，白方除了通过底线来攻击黑王之外，也没有更多的渠道来组织有效的进攻。看来问题的关键是黑方的后位置太好了，后在 d6 格可以称得上是攻防兼备。

1. Bc5!!

必须把黑后从好位置上“请”走，否则白方的底线进攻无法发力。

1. … Q×c5　2. Re8+ Rf8

黑方不能走 2. … Kf7，因为白方可以 3. Qe6#成功将杀黑王。

这里需要再次强调的是，进攻时行棋招法的次序是非常重要的，即便是同样的思路和进攻方向，假如行棋次序出了错，也根本不可能达到预期的结果。回到图 182 的局面，刚才我们曾经提及白方直接走 1. Re8+时，黑方可以应对 1. … Kf7。白方此时再走 2. Bc5，试图把后从 d6 格赶走，也能达到同样的将杀效果吗？答案是否定的！当然，如果黑方应对以错误的 2. … Q×c5 时，我们同样可以采用 3. Qe6#成功将杀黑王。但是，黑方为什么要走错误的应招 2. … Q×c5 而不是厉害的 2. … Qh2+先手将军呢？这样一来，白方的如意算盘就彻底落空了。因此，白方不能直接采取 1. Re8+的下法，唯一精确的走棋次序是 1. Bc5!

3. Qe6+ Kh8　4. Qf7!!（图 183）

图 183

白后像压路机一样缓缓向前推进，将前方的所有路障从容碾过，压在下方，把它们变成路基。贴着对方防护底线棋子进攻的走法正是底线弱点战术进攻时的惯用手段！

4. … Q×d5+　5. Q×d5 B×d5

6. R×f8+ Bg8　7. Ra8

接下来，白方先走 Kc2 守住自己的 b3 兵，然后再用车从容消灭黑方的 a 线兵，活捉黑方陷在 a2 格的马，取得子力优势。棋局至此，白方取得胜势局面。

当王位于棋盘底线，并且王前兵阵森严，以至于位于底线的王无法向上面一条横线活动的时候，处于防守一方的棋手大多也会意识到底线存在的弱点，并驻扎相应的棋子进行防护。问题是，防护棋子如果处于恰当的位置时，能够起到称职的防守作用；如果防守方把担当防护重任的棋子驻扎在一些似是而非的位置上时，阵营中反而会存在致命的隐患。

图 184，轮到黑方走棋。此时双方的王前兵都处于原始位置，没有给王留出向上一条横线行进的空间。从棋子数量上讲，白方多了一个兵。如果棋局平稳发展下去的话，白方应该具有一定的优势。

图 184

好在轮到黑方走棋。黑方能够利用白方的底线弱点吗？粗看之下似乎不是那么容易的事情。因为 1. … Qb1+ 的话，白方可以应对 2. Qf1 垫将。黑方不能续以 2. … Rd1，因为白方可以走 3. Rc8+，黑方自己的底线弱点也将暴露出来。那么看起来黑方应该满足于 1. … Qb1+　2. Qf1 Q×a2 吃回一个兵，取得均势残棋局面。

白方的底线弱点并非无法利用！因为白棋子力部署的并不稳妥扎实，所以黑方可以采用比 1. … Qb1+更厉害的招法进攻。

1. … Qb2!!　2. Qe1

眼看着送上门来的黑后，白方非但不能吃，反而必须将自己的后躲闪到别的位置上。除了 2. Qe1 之外，白方另外几种走法也都无法有效防守。例如 2. Q×b2 Rd1#黑胜；如果 2. Rc2 Qb1+　3. Qf1 Q×c2，黑方吃得一车，取得胜势局面；白棋也无法接受 2. Qc2 Qa1+　3. Qc1 Rd1+　4. Q×d1 Q×d1#的变化，黑方顺利将杀。

2. … Q×c3!!（图 185）

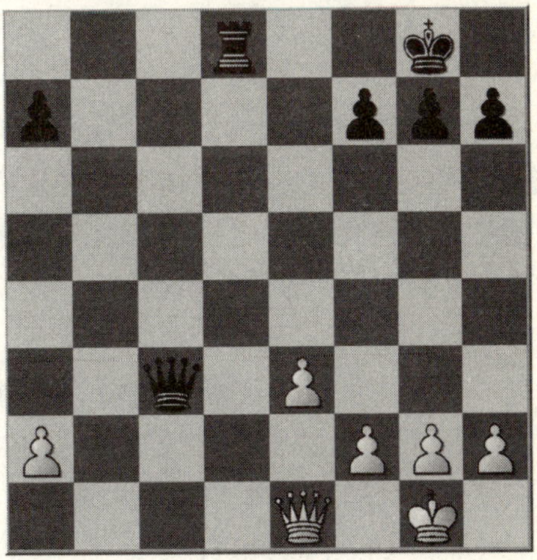

图 185

对于白方而言，图 185 所形成的局面无异于晴天霹雳！黑方取得巨大的子力优势，确保获得胜利的局面。

接连的几步棋，黑后的走法简直是如入无人之境。图 185 的局面，白棋当然不能走 3. Q×c3，因为黑方可以走 3. … Rd1+　4. Qe1 R×e1#将杀白王。当防守方的底线出现致命弱点的时候，进攻方就要拿出不入虎穴焉得虎子的精神，闯到对方家里去折腾！图

184 特别有说服力。由于黑后极具“侵犯性”的战术弃子，白方底线弱点暴露无遗，眼瞅着黑后频频走到送吃的位置却奈何不得。

进攻方利用对方的底线弱点进行打击时经常采用引离战术特点的具体手段，目的在于将防守方正在发挥重要防护作用的棋子强行逼到别的位置上，彻底摧毁对方防线。

图 186，轮到白方走棋。我们看到，在开放的中心 d 线上，双方的车虎视眈眈处于互吃的状态。假如接下来白方没有什么特别的进攻手段，棋局将会快速简化，进入一个大致均等的残棋局面。进一步分析局面，我们看到黑王在底线上没有向上一条横线活动的空间。但是，白棋快速有效的进攻手段在哪里呢？没错，坚守 d8 格的重要棋子是黑方位于 c7 格的后，白棋的进攻突破口就应该是如何把黑后“请”到一个不能发挥作用的位置。

图 186

1. Qa7!!

当然是把后走到 a7 格而不是 1. Qc5，将黑后从 c7 格上逼走。那样的话经过 1. … Q×c5　2. R×d8+ R×d8　3. R×d8+ Qf8　4. R×f8 K×f8，局面过于简化，白方难以找到取胜机会。

1. … Qa5

黑后勉强找到一个可以兼顾防护 d8 格的安全位置。白棋接下来必须找到进一步强化进攻的招法，否则还是没有达到利用黑方底线弱点的目的。

2. Q×a6!!（图 187）

白后步步紧逼，虎口拔牙，逼着黑后放开对 d8 格的防守监控，这样白棋就可以合理利用黑方的底线弱点。

图 187

2. … Qc7　3. Qa7!!

缺少了 a6 兵的屏障，黑后再也找不到一个安全有效的位置来防护 d8 格。如此一来，黑棋就面临着失子和底线弱点被利用的两难抉择。无论选哪一种，白方都将是胜利者。

正如前面我们曾经说过的那样，当底线存在致命弱点的时候，棋手会警觉起来，尽全力去防护底线不失。这时，棋局中存在的战术机会就不会是那种表面上一眼就能看到的，而是隐藏在那些看似安全的局面当中。作为进攻的一方，要善于抓住局面主要问题，予以全力攻击。而作为防守的一方，要做到走棋安全稳妥，切忌出现侥幸心理，把棋局的安危寄托在“看似安全”的不稳定状态当中。

图 188

图 188，轮到白方走棋。我们看到，黑方的王翼兵并非都处于原始状态，g 兵已经向前挺进了一格。但是，因为白方的黑格象牢牢锁住了 g7 格，所以黑方阵营中底线弱点的问题非常突出。现在，开放的 e 线上双方的车正处于互吃的状态。假如白方能够撬动黑后离开 c6 格，那么黑棋底线弱点的问题将导致其局势崩溃。

1. Q×c7!!

不仅是逼迫黑方的后离开 c6 格，同时还威胁着 Q×f7+的将杀。

1. … N×b3

看起来还不错，1. … N×b3 至少消除了白方对 f7 格的将杀威胁。黑方当然不能采用 1. … Q×c7 的应对方式，因为白方 R×e8+的底线将军将会是致命打击。同样，假如黑方采取 1. … Ne6 试图封闭 e 线的防守办法也不能奏效，因为白方有 2. R×e6! 的强力突击手段。

2. Q×b7!!（图 189）

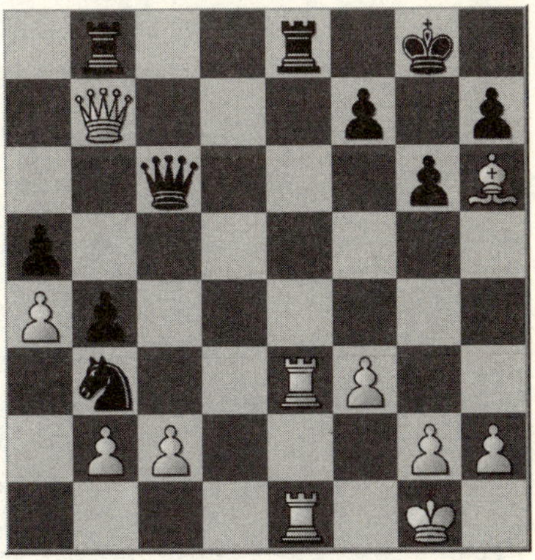
图 189

白方牢牢抓住黑方底线的问题，咬定青山不放松！

2. … Qc5　3. Kh1!

在战术实施的过程中，棋手需要预先计算那些带有强制色彩的后续招法，这并不是一件太难的事情。毕竟由于后续招法有强制性的特点，棋局中可能出现的变化是单一的，棋手只要延续原有的进攻思路向纵深方向思考就可以了。但是，当棋局出现多种招法选择的时候，棋手需要考虑的后续变招不是一个单纯数量的倍数增加，而是呈几何级的增长。突然间，似乎各种走法都可能成立。到底应该沿着哪条思路深入计算呢？

进攻的时候棋手太需要冷静的头脑，像我们刚刚看到白棋所走的 3. Kh1 就是一步极其冷静的好棋！白方摆脱了黑后在斜线上的牵制，对黑方底线弱点攻击的威力依然不减。

3. … Red8　4. Q×b8!!（图 190）

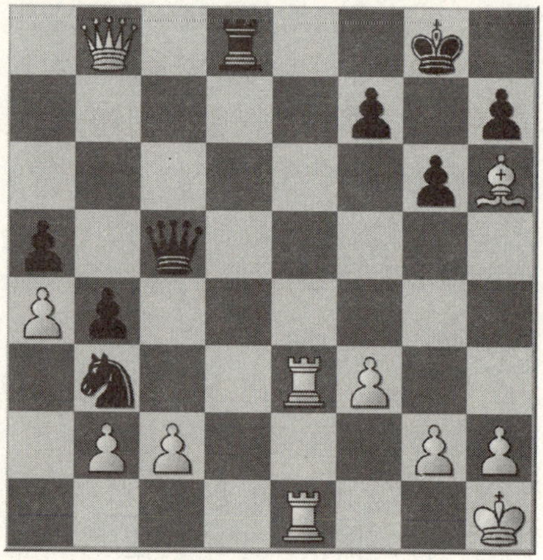

图 190

随着白棋以后换车的成功战术弃子，黑棋底线的弱点彻底暴露出来。接下来白棋将长驱直入，直捣黄龙。

4. … R×b8　5. Re8+ Qf8　6. B×f8

白方获得巨大的子力优势，黑方难以进行有效的抵抗。

第十四章习题：

◉ 白方先走，利用底线弱点战术取得胜利或胜势局面。（图 191 ~ 194）

图 191

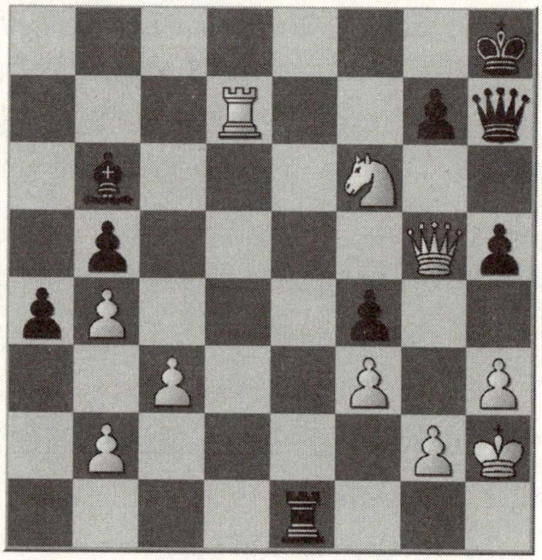

图 192

图 193

图 194

◉ 黑方先走，利用底线弱点战术取得胜利或胜势局面。（图 195 ~ 198）

图 195

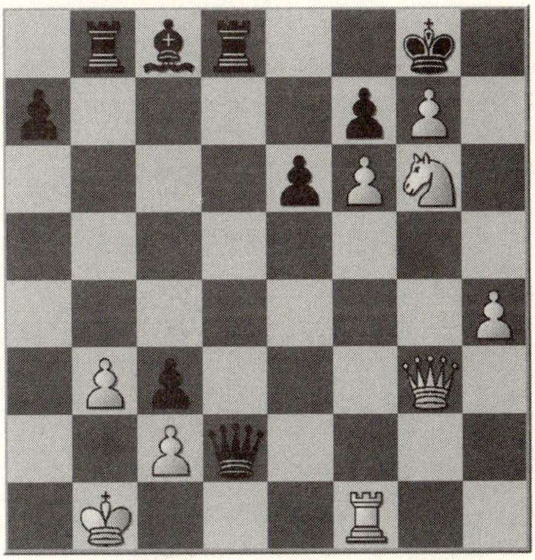

图 196

图 197

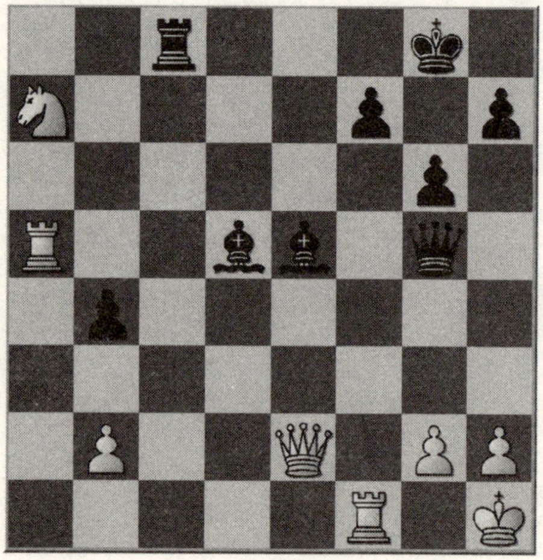

图 198

第十五章　小兵升变

客观地评价棋子的威力，所有棋子当中，兵要排在最后一位。兵的数量众多且速度缓慢，所担当的任务往往是建立防线，要不然就是扮演开路先锋“舍身炸碉堡”的角色。这样一来，在进攻的最后关头，用兵担当临门一射的情况很少。然而，兵有一种特别的作用，就是冲到对方底线升变，这样一来兵的价值可以立刻得到提升，变身成为其他棋子，担当起重大责任。

通常，兵在升变时成为威力最大的后是当仁不让的首选。不过，棋局千变万化，各具特点，棋手须学会根据棋局形势需要，客观进行判断，并做出决定。也就是说，兵应该具体升变成哪一个棋子，不能只看棋子的分值高低，更要看当时棋局形势最需要的是哪一种“兵器”。

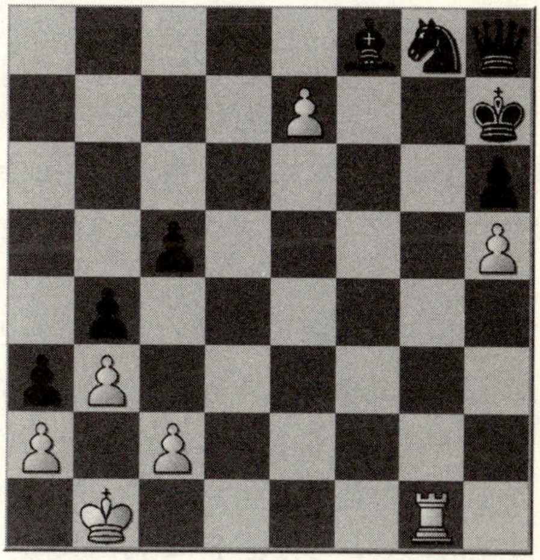

图 199

图 199，轮到白方走棋。白方下一步可以挺进位于 e7 格的小兵走到黑方的底线 e8 格或选择吃掉 f8 格的黑象进行升变。不过，是不是白方只要到了底线之后摇身一变成为威力最大的棋子，再往棋盘上放一个新出现的后就万事大吉了呢？

通过解读棋局我们发现，白方位于 b1 的王并不安全。因此，无论选择 1. e8Q 还是 1. e×f8Q，白方都会遭遇到黑方 1. … Qb2#的回应。如此看来，白方的兵走到底线直接升变成为后的计划显然不成立。

问题出在白兵升变时没有选择时效性最强的一步棋。也就是说，白棋虽然子力价值得到了提升，却失去了宝贵的时间。看，无论白方选择 1. e8Q 还是

1. e×f8Q，小兵虽完成了升变，但多出来的那个后却没有立刻发挥作用，黑方得到时间，反而会抢先展开致命的攻击行动。

经过一番分析和计算，我们不难得出这样的结论：白方只有抢攻在前，才能化解自己王前的危机。如此一来，正确招法映入我们的眼前。

1. e×f8N#

白方将小兵升变成为马。虽然单纯从子力的分值来讲，马比后的价值小了很多，但是在这个局面中，只有在 f8 格里放入白马，才能完成将杀黑王的任务！记住，小兵升变，不一定要选择变成威力分值最大的后，而是应该根据局面的需要增添最急需的“兵器”。

兵升变不仅仅是针对七线（二线）兵而言，兵升变的“潜伏期”可以很长。也就是说，只要防守方无法阻挡进攻方兵升变时的突破，小兵升变就会成为现实。如果不把小兵向前挺进与兵升变联系在一起，看起来兵的突破行动更像是一种普通的走子方法，而不是超出常规思维模式的战术组合。不过，实际情况是，兵的突破不仅仅是单纯兵的向前挺进。在兵的突破全过程中，使用到的棋子不仅有兵，还有其他轻子和重子，只不过这些棋子通过兑子、弃子等手段，成为最终实现兵的突破的有效战术组合。兵的突破有多种目标，例如争夺先手、夺取优势和获取子力优势等。基于上述原因，兵的突破一般发生在残局阶段。

图 200

图 200，轮到黑方走棋。这是一个双方子力数量完全相等的局面。看上去，双方的兵链都很完整，王的位置也很正常，似乎不存在哪一方特别积极，另一方完全脱离战场的现象。不过，当继续深入分析的时候，我们就会发现黑方的 h3 兵距离白方的底线太近了。假如这个兵能突破防线继续前行，就能实现升变，那么整个棋局将发生翻天覆地的变化。不过，h3 兵并不是通路兵，白方位于 h2 格的兵阻挡了黑方 h 兵前行。只有把白方位于 h2 的兵移走，黑棋才能实现兵升变的目标。现在，黑方能找到有效手段，实现兵的突破吗？黑方用弃子做出了回复。

1. … N×e5+!

黑方弃马换兵，无视白方 f4 兵的存在。是什么力量能够让黑方做出这样的决定？黑马消除白方中心 e5 格兵的依据在于白王无法及时回防，阻止黑方 h3 兵向前突破。也就是说，白王不是处于黑兵升变的防守方形区域内。一旦白方兵阵被“撕”开裂口，黑兵的升变是具有实质性的。

2. f×e5

只能接受黑方送上门来的“礼物”，白方无法拒绝。如果白方走 2. Ke3，黑方将应以 2. … Nf3，白方的 h2 兵得不到有效的防守，白棋同样损失惨重。

2. … f4!（图 201）

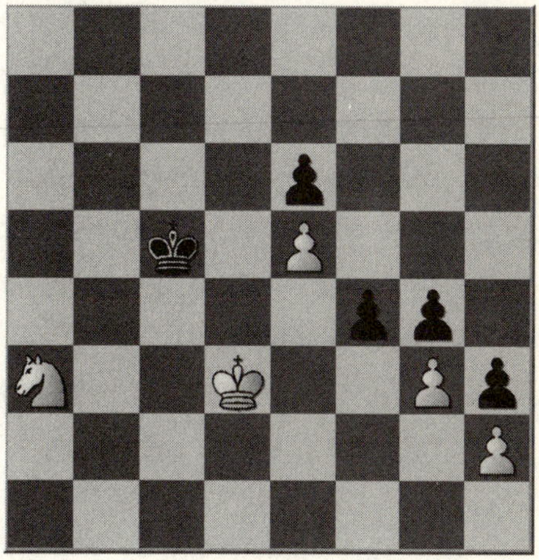

图 201

抓紧一切时间完成小兵突破，最终达到 h3 兵成为通路兵的目的。不要总觉得小兵每次前行只能走动一个格子，速度太慢。一旦时机成熟，进攻方发动整体兵链向前推进，其势不可当。

3. g×f4

白方来不及回王进行防守。例如 3. 王 e2 f×g3 之后，白方同样无法阻挡 h3 兵的升变。

3. … g3（图 202）

图 202

黑兵的推进一环套一环，犹如此起彼伏的浪潮摧毁白方兵阵防护的大堤。

4. h×g3 h2

黑方的 h 线兵终于成了通路兵。伴随着 h3 兵向前轻轻走动了一格，预示着下一步马上成功升变。棋局至此，胜负已定！

为了让临近对方底线的兵实现升变的计划，进攻方有时需要付出巨大的弃子代价。不要斤斤计较一时的子力得失，而要顾全大局，眼光长远，算“大账”。

图203，轮到白方走棋。黑方的棋子瞄准了白方的g2兵，并且e5兵也是黑方的围剿对象。白棋的行动聚焦点在哪里呢？现在白方的棋子还够不着黑方的王，甚至连将军也不能马上找得到。经过分析，我们看到白棋唯一值得骄傲的棋子是b6兵。它正蓄势待发。一旦向前挺进，升变近在咫尺。找到了局面的重点区域，白棋接下来的行动方案就逐渐明确起来。

图203

1. Q×c6！b×c6　2. b7

白方用弃后的手段强行将黑方的b7兵“请”到了c6格。随着白方b兵挺进到了七线，距离底线升变只一步之遥。

2. … Qd8　3. b8Q Rd1+！（图204）

类似的反弃子手段是棋手在计算过程中最容易忽视的地方。黑方此时当然不能走俗套的3. … Q×b8，那样白方就会不费吹灰之力应以4. R×b8#完成将杀任务。假如白方没有预见到黑方3. … Rd1+反弃子的走法，此时很有可能就会陷入被动，以至于从根本上否定了白方最初弃后挺兵升变的整体作战计划。

图204

4. R×d1 Q×b8

5. Nb7！！（图205）

Nb7是整个战术组合的最后一环。假如白方没能走出这步棋的话，局面将会是一个落入子力数量下风的残局形势。伴随着白马有力的一跃，白方紧紧抓住黑方底线弱点，确保了白棋接下来走Rd8+抽后，从而以多子的姿态进入到胜势残局。

图 205

第十五章习题：

◉ 白方先走，利用兵升变的战术取得胜利或胜势局面。(图 206～209)

图 206

图 207

图 208

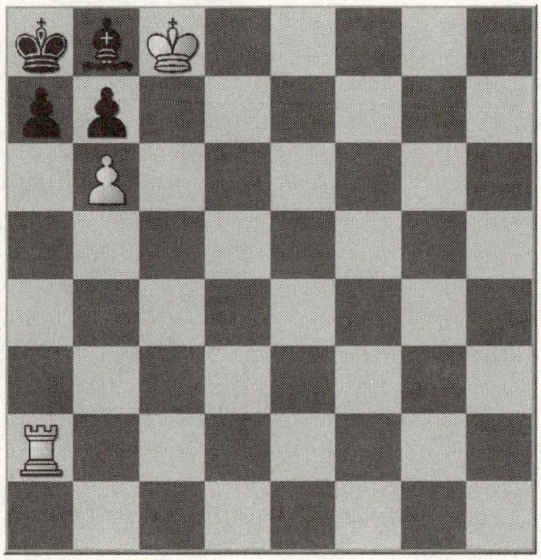

图 209

◉ 黑方先走，利用兵升变的战术取得胜利或胜势局面。（图 210 ~ 213）

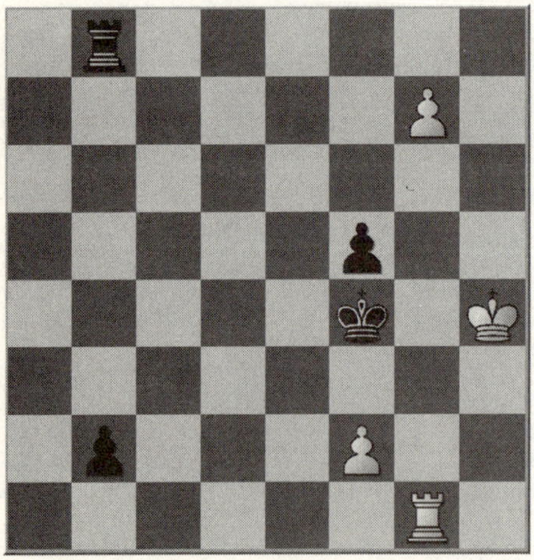

图 210

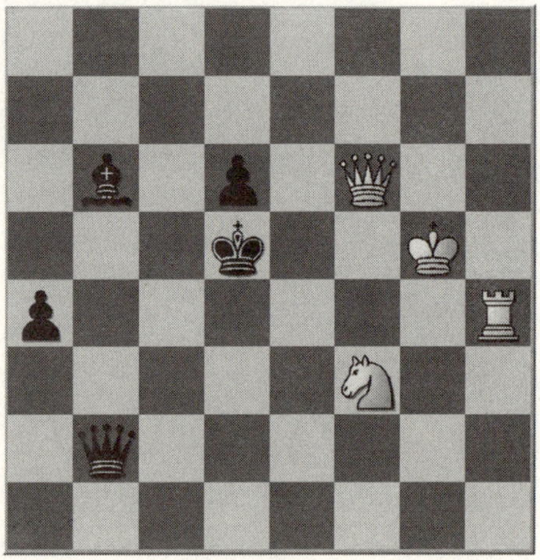

图 211

图 212

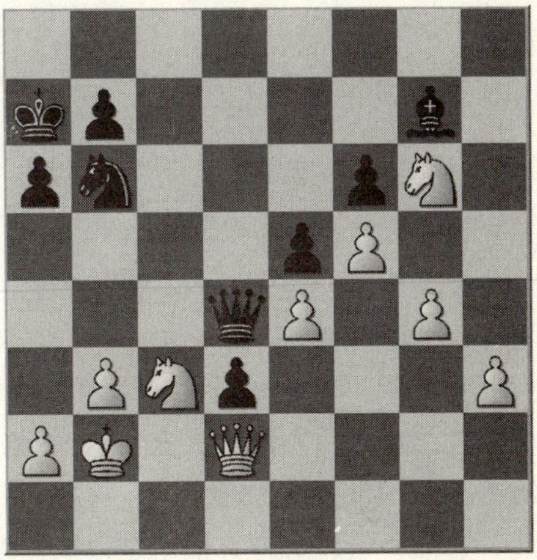

图 213

第十六章　特定格进攻（h2 和 h7 格的弃子）

h7（h2）格进攻是一种非常具体的战术打击手段，通常发生在王完成了短易位之后。白方集中火力，将 h7 格作为突破口；黑方则是攻击白方王前的 h2 格。h7（h2）格的战术进攻往往是决定性的，因为 h7（h2）格处于棋盘边线，这样会造成防守方棋子难以快速调集子力到位。一旦 h2 和 h7 格战术弃子的攻势形成，进攻方成功的概率非常大。

一些非常有意思的对攻局面在实战对局中出现，双方的王都完成了短易位，白方瞄准 h7 格而黑方瞄准 h2 格。由于 h7 格和 h2 格的颜色不同，所以双方在斜线上展开行动的计划互不干扰。双方都集中精力在如何进攻方面，谁也不愿耽误时间进行防守，最终结果是谁的攻势展开速度快，谁占据上风。

在接下来的例局中，白方能否借助先行之利突破黑方的防线呢？

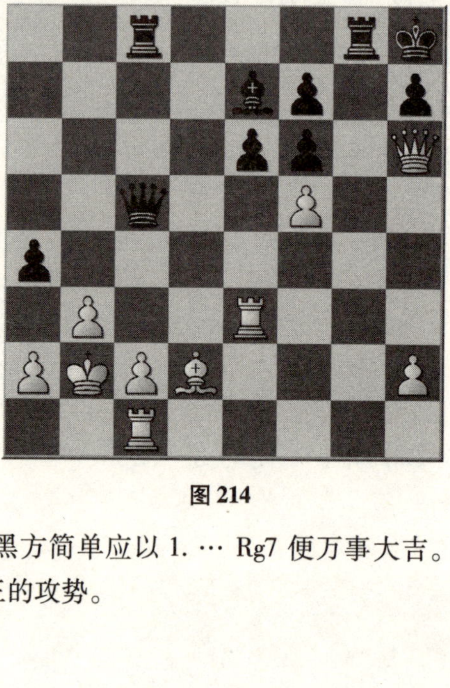

图 214

图 214，轮到白方走棋。这是一个复杂的对攻局面：双方的王处于棋盘的不同侧翼，且都在不同程度上受到攻击。因此，在这样的情况下，不能用棋盘上双方棋子的数量来评判孰优孰劣。白方王前阵地空虚，依靠防守型走法肯定无法解决问题。由此，我们粗略地分析了局面之后，就会得出这样一个结论——白方必须采取强攻，突破对方王城。

如果第一步棋白方走 1. Rh3 的话，黑方简单应以 1. … Rg7 便万事大吉。显然，依照常规的方法白方无法构建杀王的攻势。

1. Q×h7+！ K×h7

白方弃后的目的是令黑王暴露出来，然后借助车、象的子力配合联手将杀黑王。

2. Rh3+ Kg7　3. Bh6+ Kh7

由于 g8 格被自己的车所占据，以至于黑王没有更好的位置可走，只好走 h7，重新回到白车的攻击范围之内。

4. Bf8#（图 215）

图 215

将杀位于边线王的典型局面！黑王被白方车和象围剿，没有地方可以逃生。

需要提醒的是，在 h7（h2）格的进攻过程中，进攻方不要过于高估自己的攻势，贸然弃子进攻的后果是防守方一旦将王逃脱到安全位置，进攻方子力方面的损失难以弥补。类似图 214 的局面属于在 h7 突破后以短平快的方式，更多的时候进攻方没有这样的“好运气”。在 h7（h2）格弃子后，还需要调集子力才能形成实质性的进攻。

图 216，轮到白方走棋。给我们的第一印象是白王尚在棋盘中央，不过幸运的是黑方目前还没有对白王发动任何进攻。因此，白王位置的安全性暂且可以忽略不计。

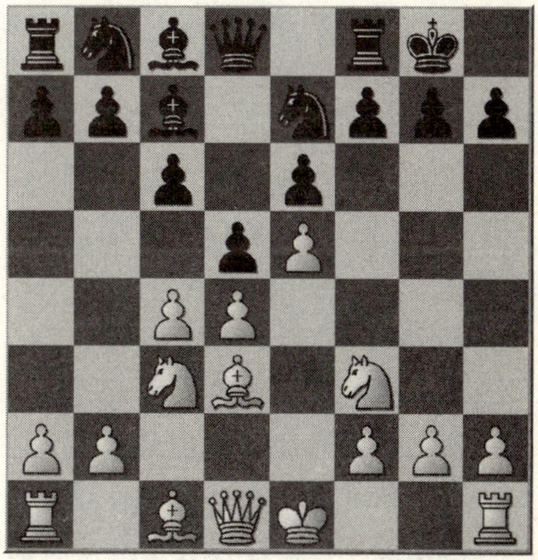

图 216

白方接下来是不是应该选择短易位，把王走到安全的位置呢？且慢！我们先来看看白方有没有更好的进攻机会。粗看之下，白方除了位于 d3 格的象之外，似乎没有什么棋子瞄准黑方的王前阵营，因此会给人留下白棋暂时没有直接进攻机会的印象。但是，我们深入进行分析就会发现，只要黑方阵营出现缺口，白方的棋子就可以打通向前线运送兵力的通道。也就是说，黑方虽然顺利完成了子力的出动，但是并没有对白棋的进攻采取预防措施。这下子，白棋的机会到来了。

1. B×h7+!! K×h7

白方弃象的收获是在黑王的防守阵地上“炸”开了一个豁口，接下来白方的任务就是将子力源源不断地运送至前线参与将杀黑王的战斗。

2. Ng5+（图 217）

先 h7 格弃象，再跃马到 g5 格将军，这是典型的 h7 格突破手段。

图 217

2. … Kg6

黑方走 2. … Kg8 同样不能进行有效防守。因为白方有 3. Qh5，黑方难以防御白方接下来的后 h7 将杀。

3. Qg4（图 218）

又是一个典型局面。白方的后走到 g4 格，带来了 g5 马各种闪将的可能性。现在，进攻方的子力源源不断调动到攻势的前沿阵地，防守方的任务越发艰巨。

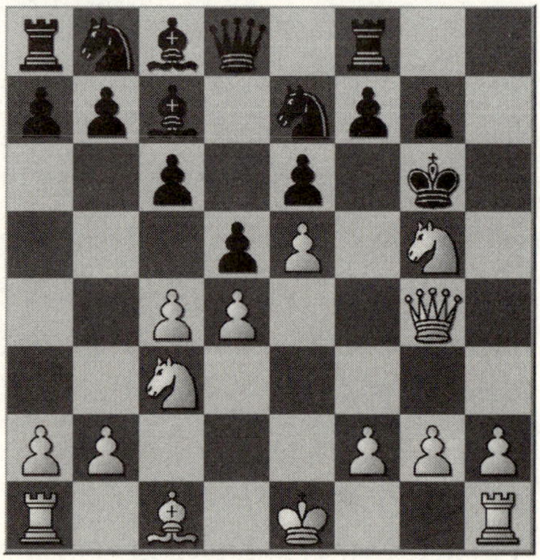

图 218

3. … f5

面对白后从 g 线上发出的直接威胁，黑方努力活跃兵阵，力图给自己的王找到活动空间。

4. Qg3 Qd7

黑方动后很是无奈，因为只是躲开了白方下一步 N×e6 将军抽后的威胁。

5. Qh4

接下来，白方走 6. Qh7 的将杀难以阻挡，黑方无法构建有效的防守阵营，白方获胜。

总结图 216 白方的进攻，可以说白棋完全按这样的基调行进：1. 象在斜线线路上瞄准 h7（h2）格；2. 进攻方有后续棋子作为“弹药”补充，进攻的火力能够得到不断加强；3. 在 h7（h2）格的弃子由象来做先锋，然后跃马将军，紧接着后跟进。以上三条，也是进攻方在 h7（h2）格展开战术弃子行动时的局面特点。多数时候，只要局面具备以上因素，无论是作为进攻方还是防守方，都要对 h7（h2）格加以充分重视。

防守方把子力布置在第七（第二）横线用于间接保护 h7（h2）格的例子时有发生，目的在于干扰进攻方打开线路。不过，当进攻方的子力集结到位，战术弃子的手段也可以是多样化的。

图 219，轮到白方走棋。看到这个局面之后，我们的第一反应恐怕都会是 1. N×f6+，白方顺势将 b1——h7 斜线打开，令位于 d3 格的象发挥作用。但是，黑方早已提前做好了防范，只需应以 1. … g×f6，随着 g7 兵位置的变化，位于 e7 格的黑后将开始在第七横线发挥防守作用。

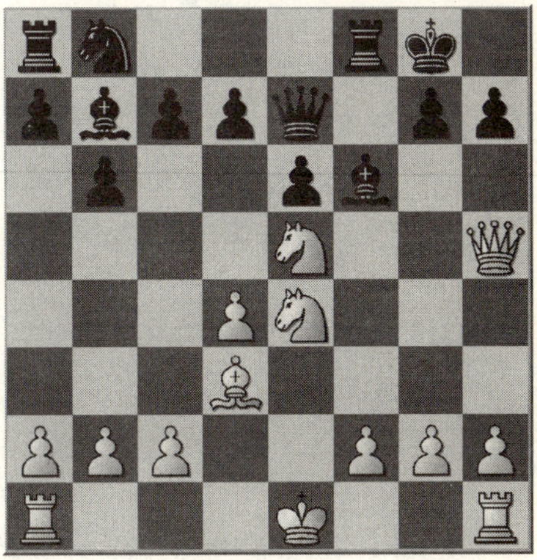

图 219

时不我待，白方要抓住战机行动！

1. Q×h7+ !!

白方弃后的目的就是要把黑王暴露在 b1——h7 斜线上。当然，走出这样刚硬的弃后招法，棋手一定要提前把后续变化都想清楚。

1. … K×h7　2. N×f6+ Kh6　3. Neg4+ Kg5　4. h4+ Kf4　5. g3+ Kf3

6. Be2+ Kg2　7. Rh2+ Kg1　8. Kd2#

白方顺利围剿黑王，八个回合的连将杀组合一气呵成。

通过图 218 的例子，我们可以体会到进攻速度的重要性。是的，所有围绕着攻王形成的战术机会都是不等人的，棋手必须在弃子攻杀机会出现的第一时间做出反应。接下来，我们再来欣赏一个白方在 h7 格快速弃子抢攻的例子。

图 220，轮到白方走棋。局面上白方已经少了一个马，显然需要快速进攻打开黑方王前碉堡才能取得令人满意的战果。

图 220

1. B×h7+!! K×h7　2. h×g5+ Kg8

3. Rh8+!!（图 221）

迅雷不及掩耳的进攻，强行让黑王走到一个别扭的位置上。假如白方没有采取 3. Rh8+的强势突击，而是走常规的子力调动 3. Qh5，则会遭到黑棋 3. … Rf5 的反击，白方的攻势看似凶猛，却很难实现将杀目标。

图 221

3. … K×h8

如果黑方走 3. … Kf7，接下来的变化是 4. Qh5+ g6　5. Qh7+ Ke8　6. Q×g6#，白胜。

4. Qh5+ Kg8　5. g6 Bb4+

6. c3 Rf5

黑方走 6. … Nf6 同样不能挽救局面，接下来经过 7. e×f6 R×f6　8. Bg5 之后，白方胜势已定。

7. Qh7+ Kf8　8. Qh8+ Ke7　9. Bg5+!! R×g5　10. Q×g7+ Ke8　11. Qf7#

经过一连串的战术弃子之后，白方成功将杀黑王，取得最后的胜利。

虽然 h7 或 h2 格的战术进攻大多发生在王已经完成短易位之后，不过当王在中心的位置时，在 h7 或 h2 格进攻的战术手段也能形成巨大的杀伤力。需要注意的是，此时在 h7 或 h2 格的战术弃子，大多是与随之而来的 h5——e8（或者 h4——e1）斜线上的进攻联系在一起的，其杀伤力也是巨大的。

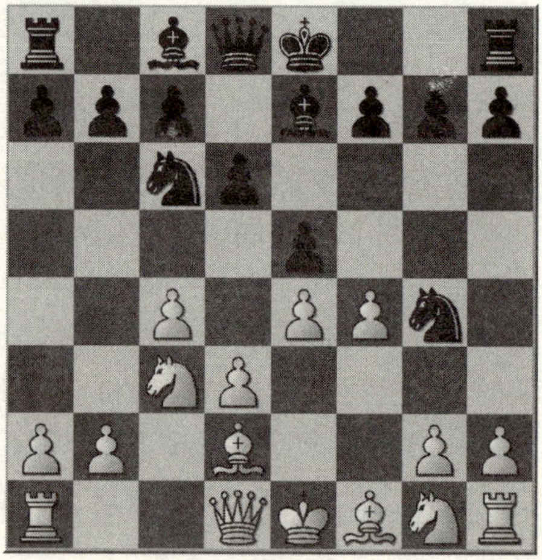

图 222

图 222，轮到黑方走棋。在看似平稳的局面中，黑方敏锐洞察到白王的弱点，通过在 h2 格弃子的方式强攻得手。

1. … N×h2　2. R×h2 Bh4+

黑象从一个意想不到的位置攻击白王，白方的王必须要挪个地方了。

3. Ke2 Nd4+　4. Ke3 e×f4+　5. K×d4

中局阶段，双方都拥有大量棋子时，王被“请”到棋盘中央不是一件令人愉快的事情。此时，白方如走 5. K×f4，将会遇到黑棋 5. … Qg5#的回应。

5. … Qf6+　6. Kd5 Be6#

黑方成功将杀白王，取得胜利。

第十六章习题：

◉ 白方先走，利用 h7 格的进攻战术取得胜利或胜势局面。（图 223 ~ 226）

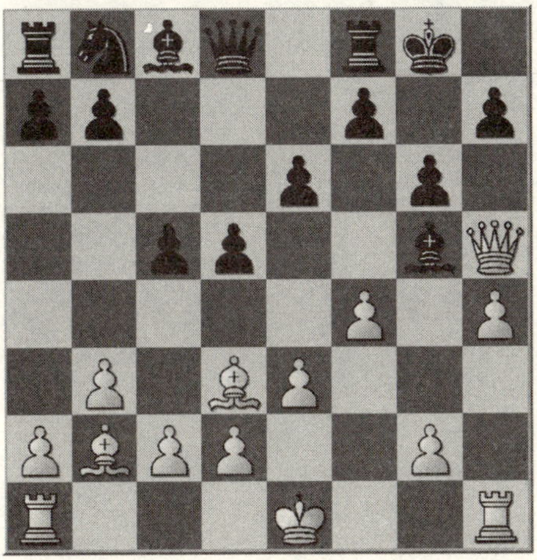

图 223

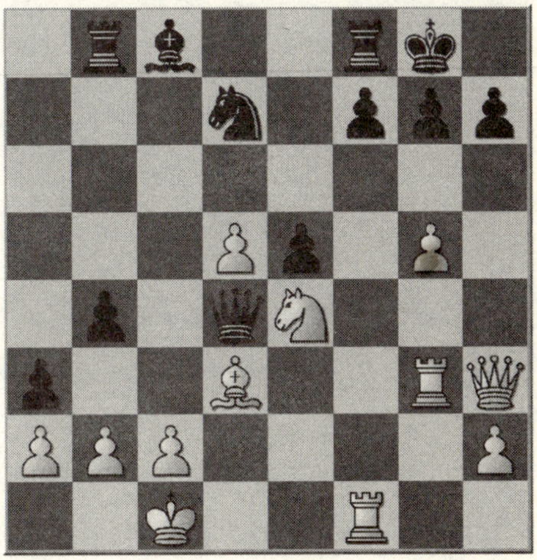

图 224

图 225

图 226

◉ 黑方先走，利用 h2 格的进攻战术取得胜利或胜势局面。（图 227～230）

图 227

图 228

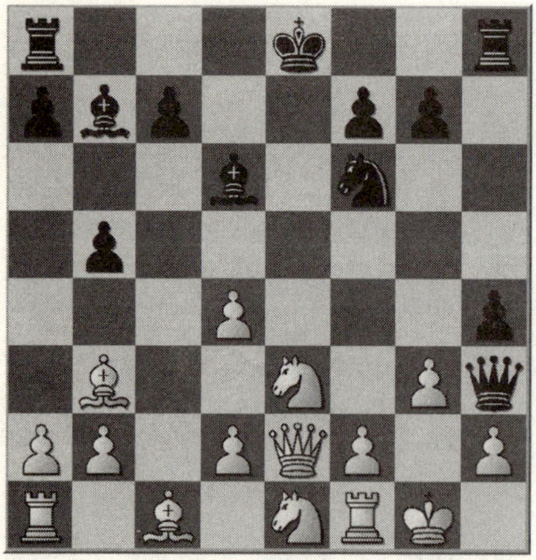

图 229

图 230

第十七章　特定格进攻
（f2 和 f7 格的弃子）

与 h2 和 h7 格弃子进攻的战术相比，f2 和 f7 格的进攻因为靠近中心，所以更具有不确定性。f2 和 f7 格可以是双方短易位之后的王前阵地，也可以是王停留在棋盘中心时进攻方偷袭的场所。不管怎么讲，f2 和 f7 格都是阵地中完整兵形不可或缺的重点部位。因此，当这个点成为进攻方的突破口时，攻击力量之大可想而知。

进攻和防守哪个更厉害，这是令不少棋手百思不得其解的问题。好比是要说明矛和盾，最终难以给出正确的答案。将进攻和防守比作兵器中矛与盾的关系再合适不过，如果不根据实际情况加以分析，便贸然断定哪一方更强，那么无疑会犯自相矛盾的错误。往往，对局处于进攻的一方在获取攻势的同时，需要付出子力、兵形或者放弃局部阵营发展为代价。在这样的情况下，如果攻王获得实效性的突破，那么进攻方的损劣完全可以忽略不计。但是，假如进攻方迟迟无法摧毁防守方的碉堡，随着对局的发展攻势会越来越被削弱，防御方在其他方面的优势将逐步显露出来。因此，对于进攻方而言，判断局面最重要的因素就是能够突破对方的王前防线，一举攻破对方王城。

关于进攻与防守的问题，恰恰是思考 f2 和 f7 格弃子战术中棋手必须要想清楚的事情。与其他类型的进攻不太一样，实战中很多 f2 和 f7 格的进攻都没有马上成功将杀，执行这样的弃子战术之前，棋手更应该学会仔细权衡局面，免得偷鸡不成蚀把米，实施一大串战术打击之后发现自己获取的收益远远比不上付出的代价，那样就会出现得不偿失的局面。不过话又说回来，棋手走棋时产生避免出现差错的心理确实可以理解。但是，当我们面对战术打击的机会时，要预先深入细致思考，更要坚定信心果断执行。一番弃子战术打击之后，带来的往往是赏心悦目的局面和令人满意的战果。

图 231，轮到白方走棋。这是开局进程中的一个局面。双方的王都没有完成易位，真正的战斗似乎还没有打响。但是，黑方在子力出动的过程中犯下了

忽视斜线进攻的巨大错误，给予白棋发动弃子闪电战的机会。

1. B×f7+! K×f7 2. Ng5+（图 232）

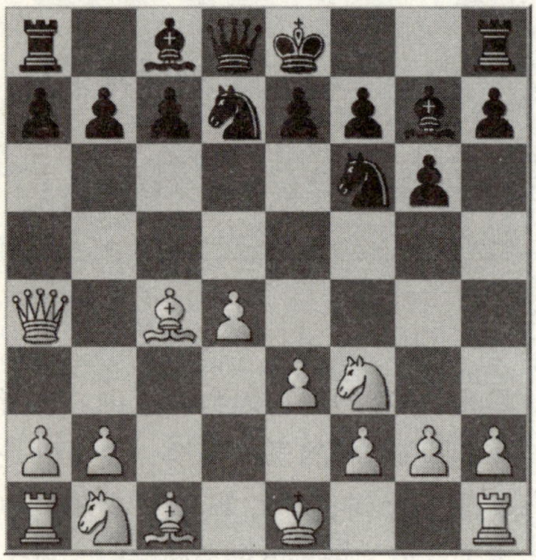

图 231

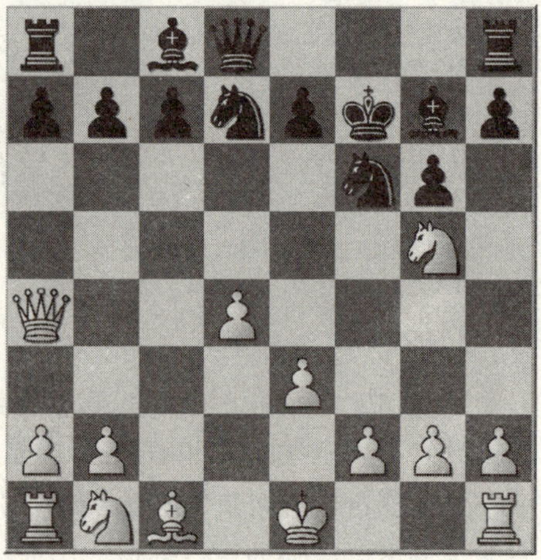

图 232

显然，黑王难以找到一个合适的位置。黑棋局面中最大的问题是 e6 格成为阵地中的盲点。一旦白马跃入此格，黑后和 g7 象将同时遭受打击。更令黑棋郁闷的是，白方的后可以轻而易举走到 a2——g8 斜线上，这意味着白方进攻的力量能够不断得以加强。

2. … Ke8

假如黑棋走 2. … Kf8，白方应以 3. Ne6+将军抽后；如果黑棋走 2. … Kg8，白方则会用以下的变化来教训黑棋：3. Qc4+ Nd5 4. Q×d5+ e6 5. Q×e6+ Kf8 6. Qf7#，将杀黑王。

3. Ne6

黑方的后被活捉，棋局濒临绝境。

当王尚未完成易位，处于中心的时候，通过 f2 和 f7 格的进攻，一般都会与进攻方后续的斜线攻击力量相结合，制造眼花缭乱的各种攻杀可能。

图 233

图 233，轮到白方走棋。我们看到双方的王都处于中心，黑棋伴随着 f 兵的消失和 h 兵的行动，在王翼的白格线路上显露出空虚的迹象。现在，黑棋正威胁消灭白方位于 g5 格的马。假如白

方选择将 g5 格的马后退，那么黑棋无疑将得到充裕的时间出动王翼的子力，得到重新排兵布阵的宝贵时间。不过，针对黑棋虚弱的王翼白格线路，白棋找到了强有力的突破手段。

1. Nf7！（图 234）

白棋要利用 h5——e8 斜线，就不能让黑方位于 h8 的车亮开线路发挥作用。伴随着白马的凌空跃入，黑方无奈要用王走到 f7 格并遭受一系列打击。黑方的车仍旧蜗居在 h8 格中，丝毫不能发挥作用。

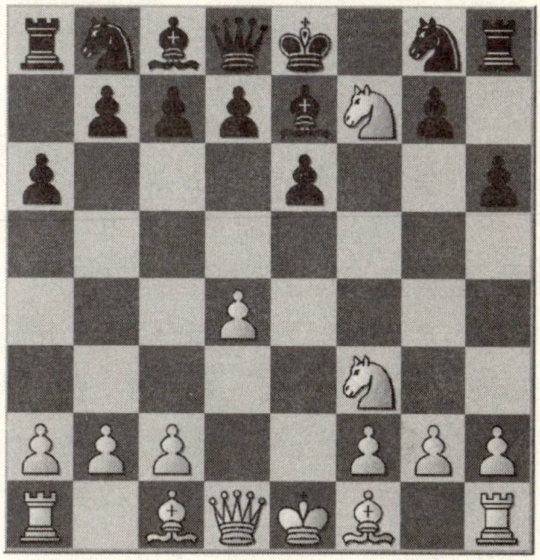

图 234

1. … K×f7　2. Ne5+ Ke8

黑方走 2. … Kf8 也无法挽回局面。接下来的变化将是 3. Qh5 Qe8　4. Ng6+，逼迫黑方不得不以后换马，遭受巨大的子力损失。

3. Qh5+ Kf8　4. Qf7#

白后成功在 f7 格形成将杀，取得胜利。

刚刚我们看到的两个例子，都是防守方的王尚停留在中心时遭遇进攻方的战术弃子打击，以致王城被毁的攻杀片段。在这类局面中，一个很突出的特点是进攻方在 f7（f2）格弃子之后，能够通过斜线上的攻击力量辅佐占据了强格的马一起行动，造成致命的打击。那么，当王完成短易位之后，防守方的车仍然处于 f 线的时候，是不是在 f7（f2）格弃子的战术攻击力量就减弱了呢？让我们通过下面的例子一起解读。

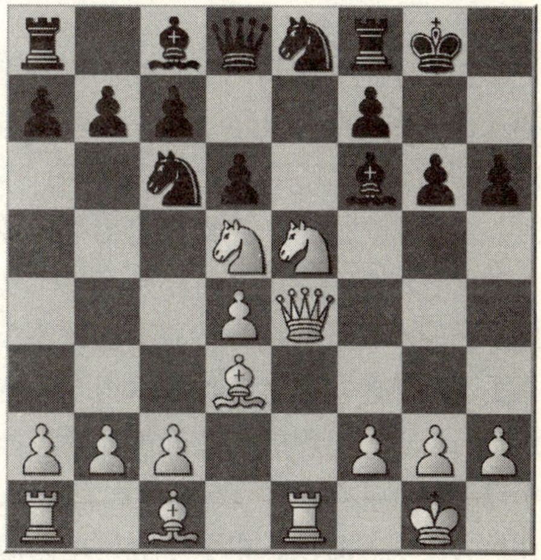

图 235

图 235，轮到白方走棋。白方处于强劲进攻态势，这是我们看到这个局面后最突出的感觉。但是似乎黑方棋子也能发挥防守作用，维持这个脆弱的局面。如果白方采取常规的走法，尚不能马上令进攻局面取得突破性的进展。经过精确计算之后，白棋找到了最佳进攻方案。

1. N×f7!! R×f7　2. Q×g6+（图 236）

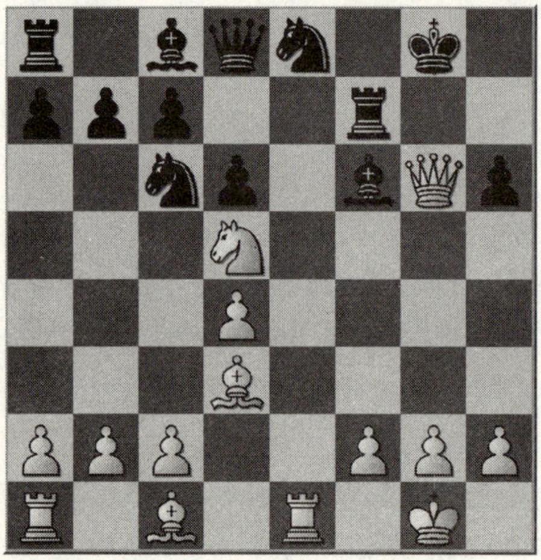

图 236

白方在 f7 格弃马而不是在 g6 格弃马的巧妙之处，就在于迫使黑方的车走到 f7 格，这样就使后面的变化朝着有利于白方进攻节奏的轨迹行进。

2. … Kf8

如果 2. … Bg7，白方则应以 3. R×e8+!（假如此时黑车在 f8，黑棋就可以应对 3. … R×e8），经过 3. … Q×e8　4. Qh7+（同样可行的是 4. Nf6+ R×f6　5. Q×e8+ Rf8　6. Qh5，白方取得理想局面。）　4. … Kf8　5. B×h6，黑方的局面十分难受，无法找到妥善的防守办法。

3. B×h6+ Bg7　4. Qh7 Ne7　5. Qh8+ Ng8　6. Bh7

黑方防守的棋子数量不少，但是由于位置不佳且被白方实施牵制，因此黑棋防御的效率十分低下。眼看着无法阻挡白方接下来消灭 g8 马实施将杀，黑棋只好放弃抵抗。

根据不同的棋局情况，我们可以把进攻方实施战术打击的方法和特点进行描述，例如当局面具备了什么样的特点时，哪类战术就可能出现，等等。不过，需要牢记的是，战术打击不是以单一的面目出现的，很多时候是具备了实施多种战术手段的综合特质。这就要求棋手不断熟悉并理解各种战术组合的特点，将进攻中出现的那些规律性的东西予以归纳，形成一种攻杀直觉。这样，在机会出现的时候，棋手才能调动脑海里的“数据库”快速找到进攻目标，然后进行深入的计算，进而实施能量巨大的战术弃子行动。

图 237

图 237，轮到黑方走棋。分析局面，我们会得到白方子力数量占上风但是位置欠佳的印象。有了初步的局面判断，我们就能够确定黑棋需要找到快速行

动的方向，继而聚焦白方阵地弱点寻求突破机会。

1. … B×f2+!!

趁着白棋的子力出动没有完全展开，黑棋快速实施弃子，打开白方的王前阵地。

2. K×f2 Ng4+　3. Kg1 Qd4+

4. Kh1 Nf2+(图 238)

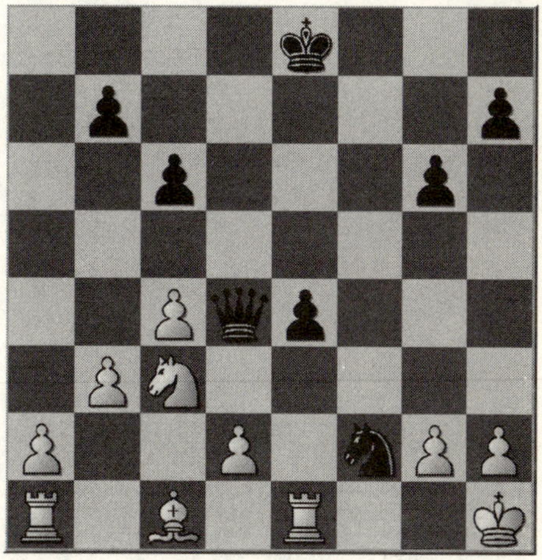

图 238

多么熟悉的局面。还记得我们在本书的哪个章节里见过吗？没错，黑方只要接下来实施堵塞战术，就能制造将杀的威胁。

5. Kg1 Nh3+　6. Kh1 Qg1+　7. R×g1 Nf2#

黑胜。

第十七章习题：

◉ 白方先走，利用 f7 格的进攻战术取得胜利或胜势局面。(图 239 ~ 242)

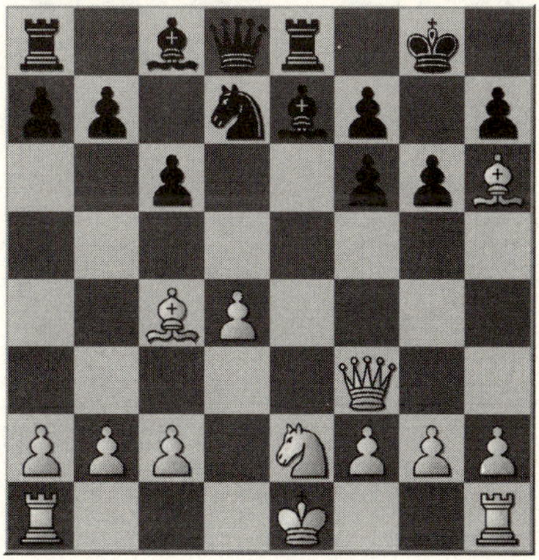

图 239

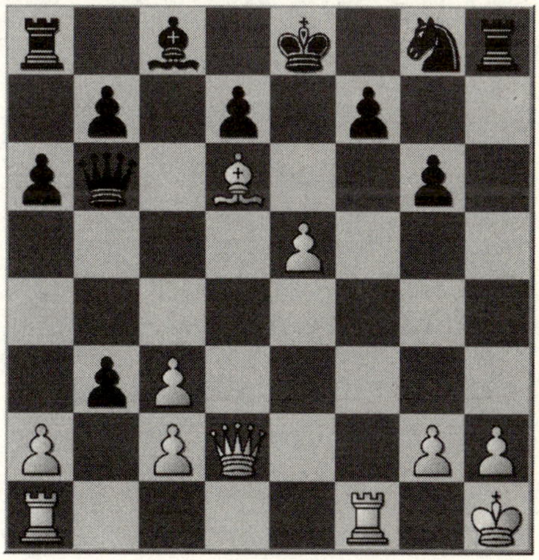

图 240

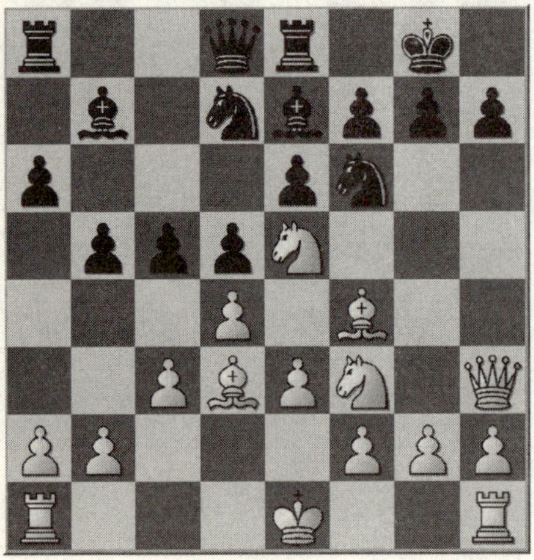

图 241

图 242

◉ 黑方先走，利用 f2 格的进攻战术取得胜利或胜势局面。（图 243 ~ 246）

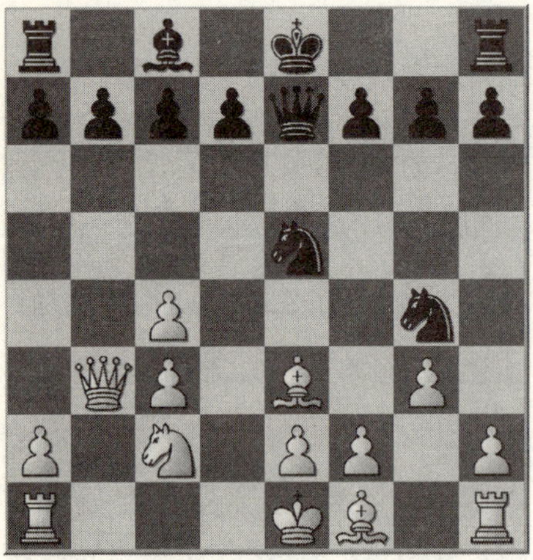

图 243

图 244

图 245

图 246

第十八章 习题集锦

战术进攻能力的提高不是摆几盘高手的棋谱、看几本关于战术组合内容的书籍就可以解决的问题，而是需要棋手持之以恒进行科学的训练逐步建立的一种能力。很多棋手都有这样的感受，凭借某种动力进行短时间的专题训练不难，但是作为规律性的训练内容坚持下来按时去完成就不是一件容易的事情了。

行为科学研究得出结论：一个人一天的行为中大约只有5%是属于非习惯性的，而剩下的95%的行为都是习惯性的。即便是创新，最终也可以演变成习惯性的创新。也就是说，人的一切想法和做法，最终都必须归结为一种习惯，这样才会对人的成功产生持续的力量。畅销书《富爸爸，穷爸爸》有一著名观点："穷人之所以穷是因为他按穷人的方式思考问题，养成了穷人的习惯；富人之所以富裕，是因为他按照富人的方式思考问题，养成了富人的习惯。"成功是因为习惯，失败也是因为习惯，棋手思考方式和训练方式也同样存在着某种习惯。

棋局千变万化，几乎没有完全一模一样的。我们能总结出的只是那些存在共性规律的特点，却无法提前预知具体的正确走法。棋手要靠自己在临场去发现机会，去思考变招，去创造精彩！实战中，当需要采用非常规弃子走法才能取胜的机会出现时，你能在那些看似熟悉却又是全新的陌生局面中抓住转瞬即逝的战术组合吗？棋手的战术能力不是程序化的书本知识，需要在不断的实践练习中逐步磨炼，才能得以提高。

完成本章的任务目标主要有两个：一是要求棋手有意识地养成做题的习惯，二是通过习题练习提高棋手战术攻杀的能力。本章内容分为两个阶段：

第一阶段是一周习题。此阶段的学习目的是通过每日坚持一定时间的习题解答，培养读者关于战术进攻的局面感觉，并通过七天连续性的解答练习，逐步养成习惯，并把这部分内容安排变成日常棋艺训练的一部分。

第二阶段是综合练习。综合练习部分中，我们将不同风格特点、不同难易水平的战术习题进行组合，以测验的形式予以呈现。两组综合练习的题目难度没有区分，不同的是，第一组题目当中会对战术类型进行提示，而第二组则只是出现题目。这样安排的目的是将平常的训练实战化，使大家的心理状态逐步从题目练习转变为实战演练，学会在没有任何提示的情况下独立解决问题。

第一阶段：一周习题

导语：七组习题中的第一、第二组是将杀练习，第三组是增强难度的将杀习题，请按照题目要求规定的行棋步数解题。第四组至第七组习题，每组是相同的战术类型，当棋手解答出了第一题的时候，便可以根据习题类型找到后面的思考规律。在接下来的七天里，请每日抽出20～30分钟时间集中精力解答习题，并把想出来的解题招法写在棋图右侧。

解题时可以直接用书上的棋图进行思考，也可以按照棋图原样将棋子摆放在棋盘或电脑软件上。需要注意的是，当面对棋盘或电脑软件上的棋图进行思考时，只能动脑，不能动手移动棋盘或电脑上的任何棋子进行辅助思考。规定时间到了之后（不超过30分钟），停止答题，自行到本书答案部分核对结果。

一切准备就绪了吗？开始吧！

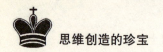

第一天：	完成时间：	正确题数：

白方先走，两步杀

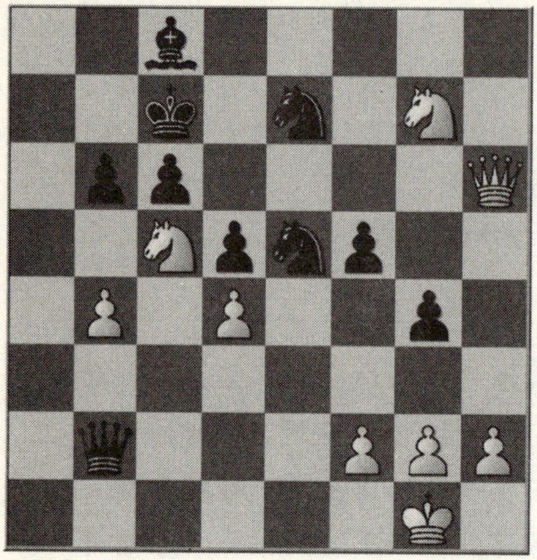

图 247

白方先走，两步杀

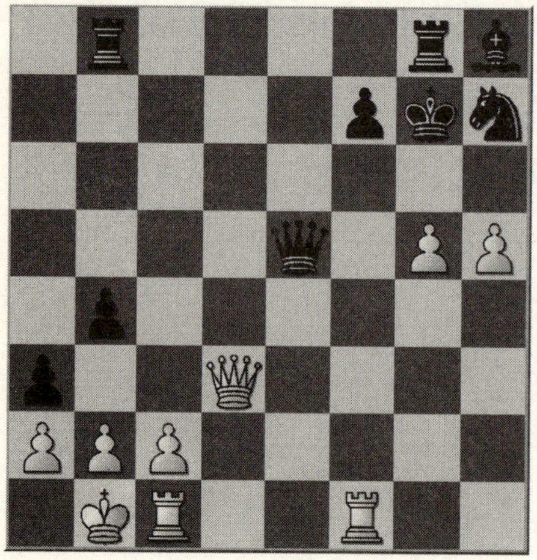

图 248

黑方先走，两步杀

图 249

黑方先走，两步杀

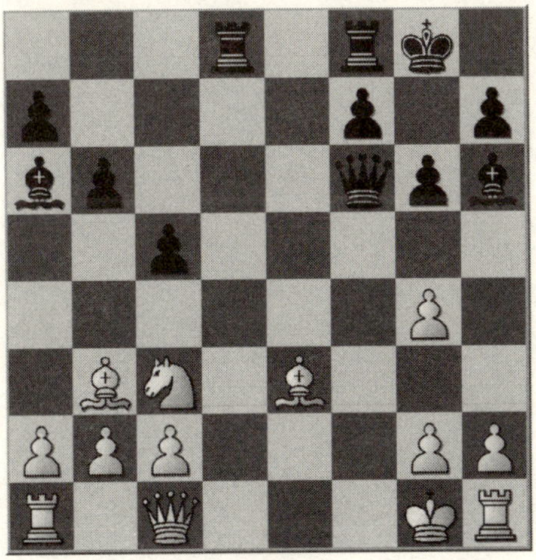

图 250

白方先走，三步杀

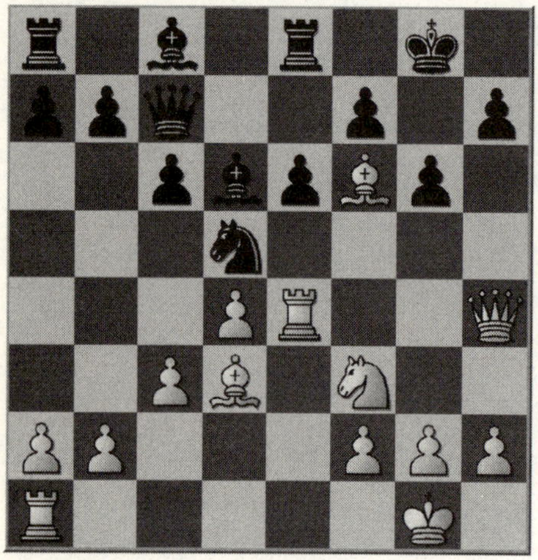

图 251

白方先走，三步杀

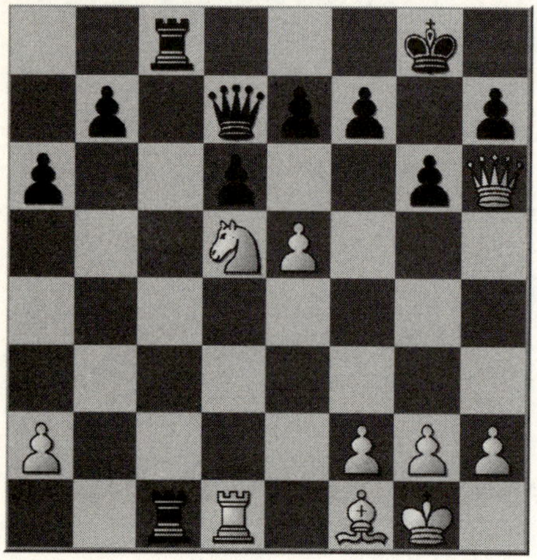

图 252

黑方先走，三步杀

图 253

黑方先走，三步杀

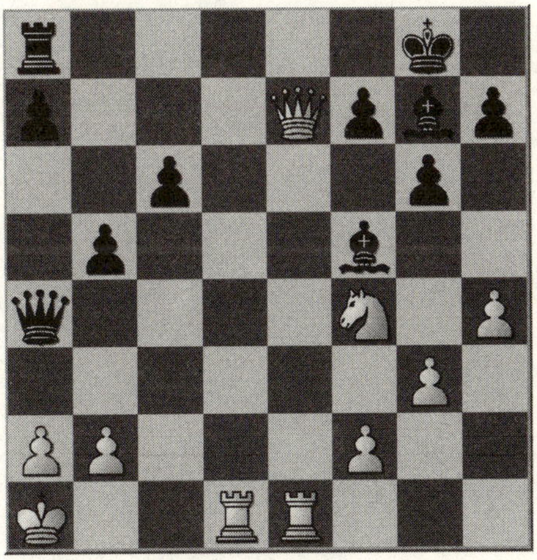

图 254

第二天：	完成时间：	正确题数：

白方先走，两步杀

图 255

白方先走，两步杀

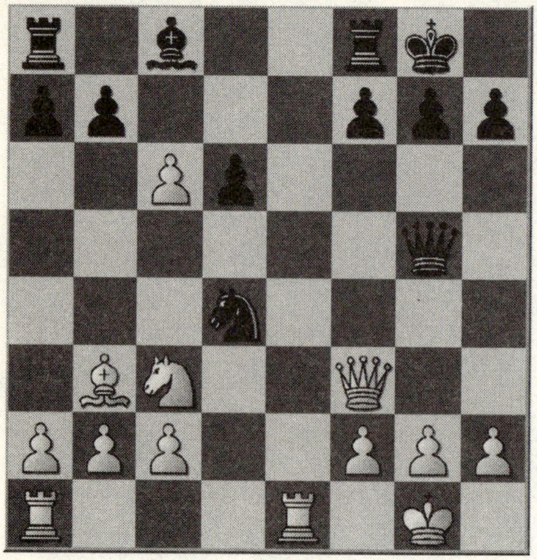

图 256

黑方先走，两步杀

图 257

黑方先走，两步杀

图 258

白方先走，四步杀

图 259

白方先走，四步杀

图 260

黑方先走，四步杀

图 261

黑方先走，四步杀

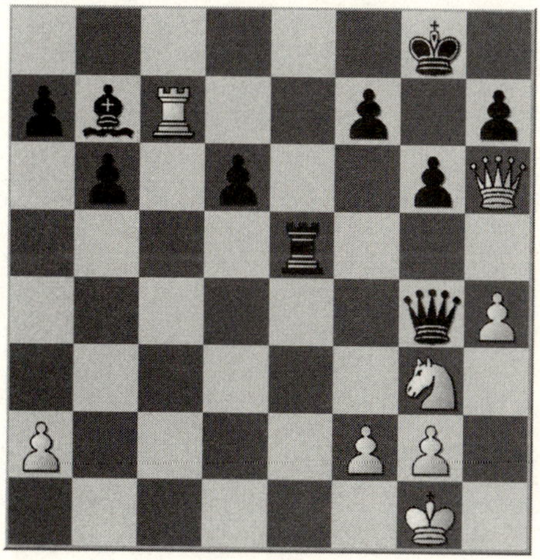

图 262

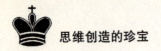

第三天：	完成时间：	正确题数：

白方先走，两步杀

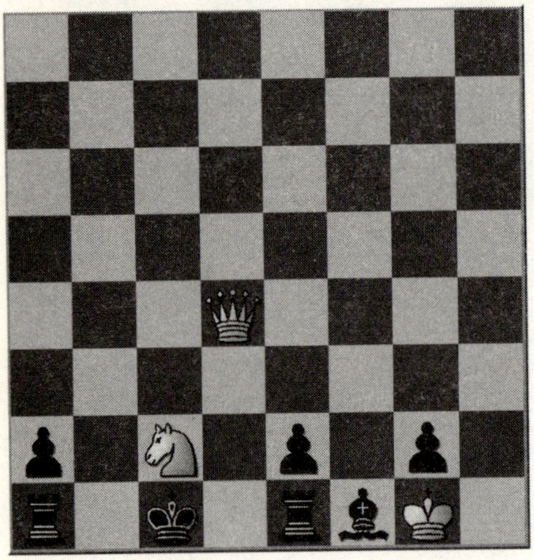

图 263

白方先走，两步杀

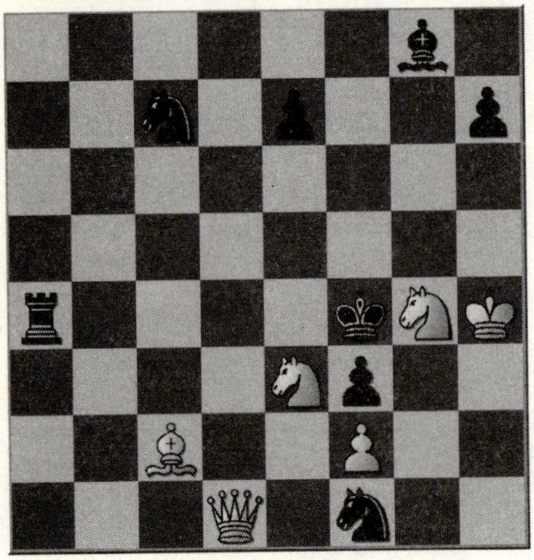

图 264

白方先走，两步杀

图 265

白方先走，两步杀

图 266

黑方先走，两步杀

图 267

黑方先走，两步杀

图 268

黑方先走，两步杀

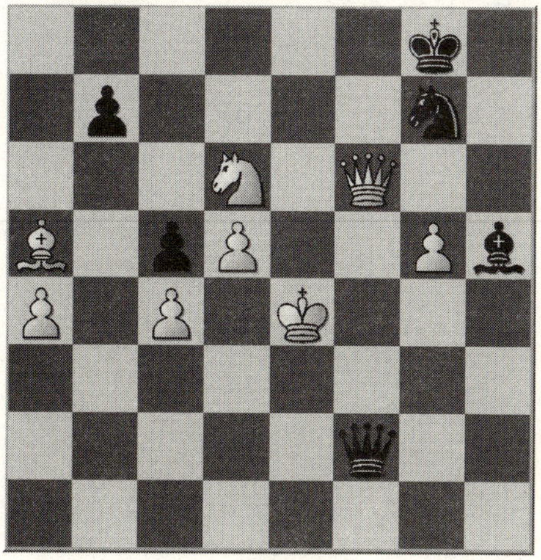

图 269

黑方先走，两步杀

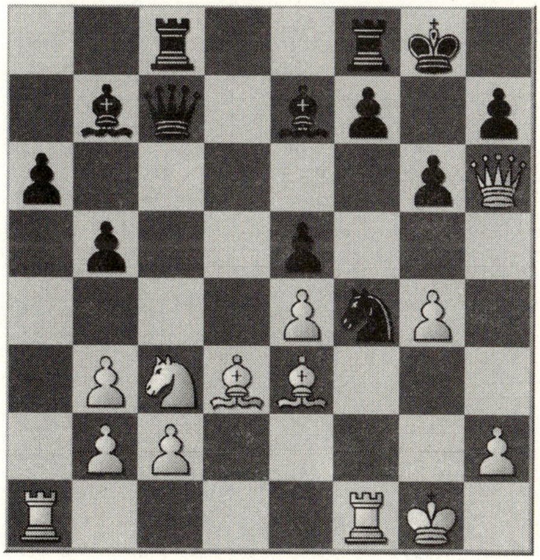

图 270

第四天：	完成时间：	正确题数：

白先胜

图 271

白先胜

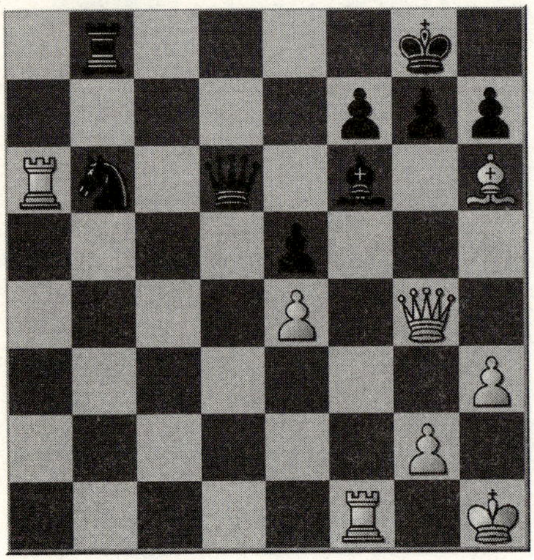

图 272

白先胜

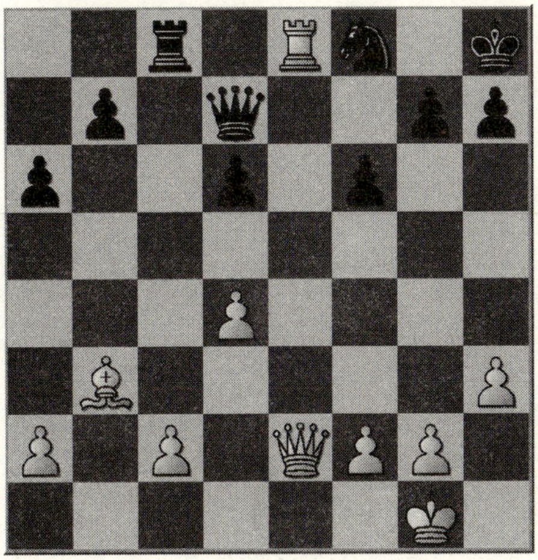

图 273

白先胜

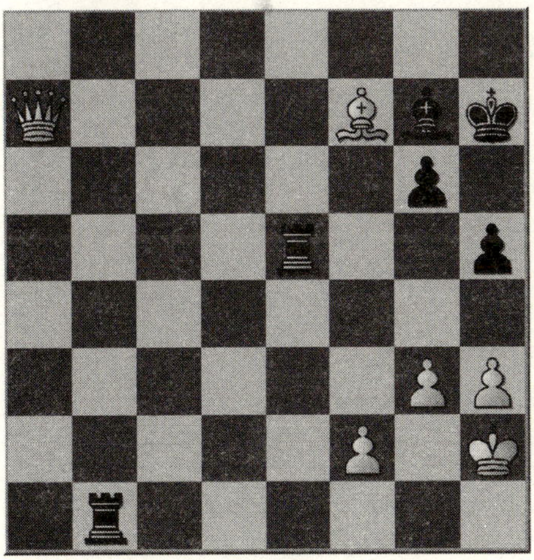

图 274

黑先胜

图 275

黑先胜

图 276

黑先胜

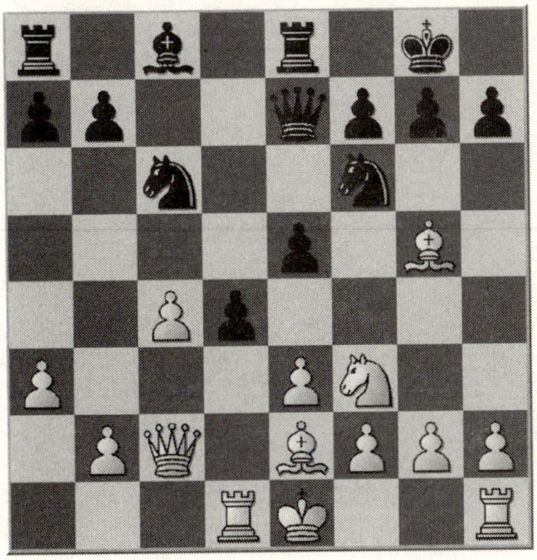

图 277

黑先胜

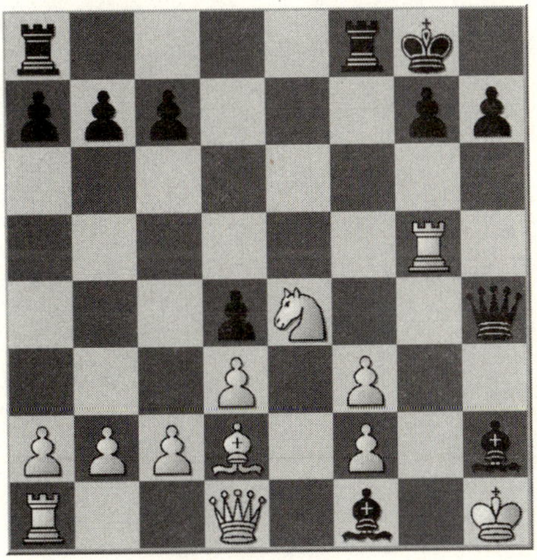

图 278

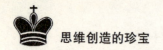

第五天：	完成时间：	正确题数：

白先胜

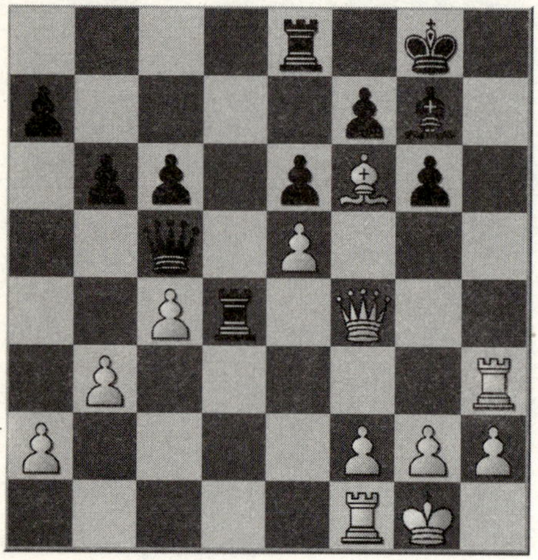

图 279

白先胜

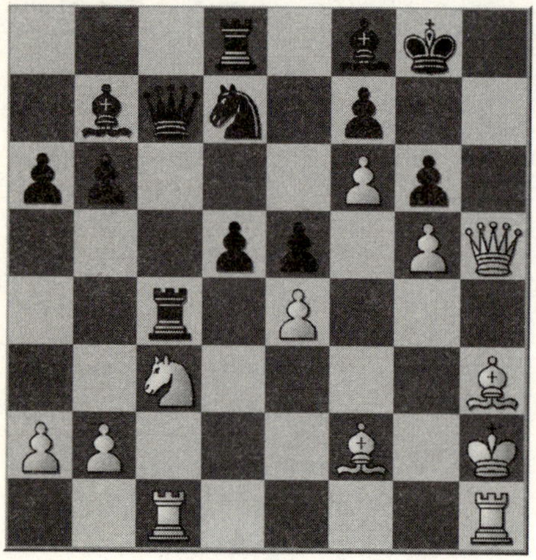

图 280

白先胜

图 281

白先胜

图 282

黑先胜

图 283

黑先胜

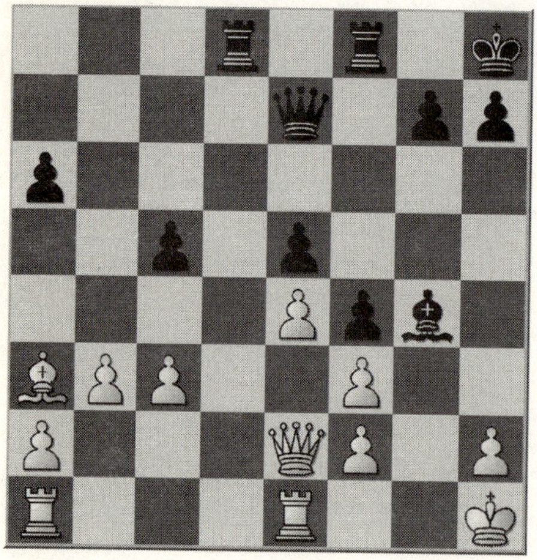

图 284

黑先胜

图 285

黑先胜

图 286

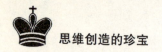

第六天：	完成时间：	正确题数：

白先胜

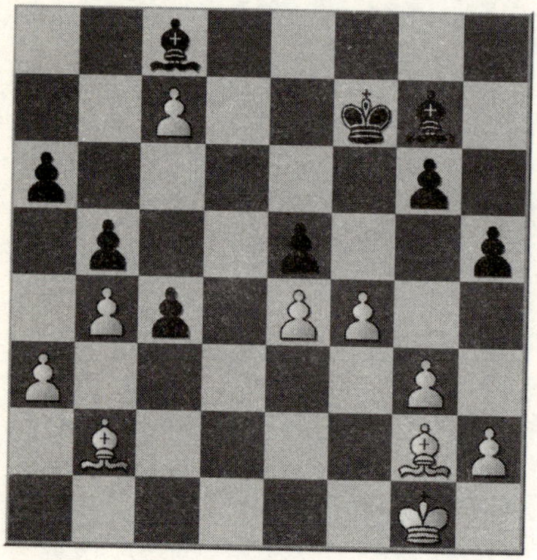

图 287

白先胜

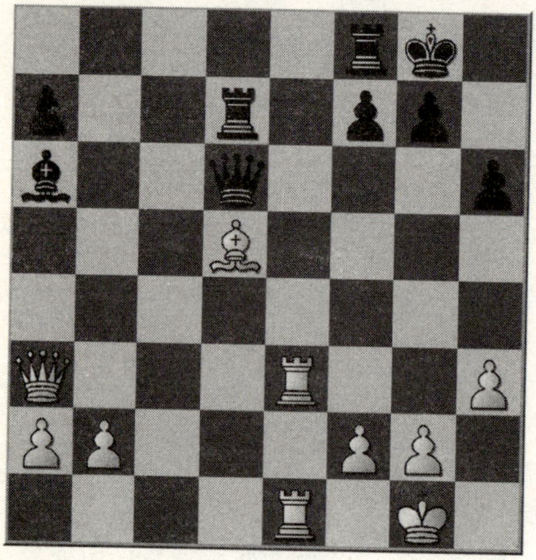

图 288

白先胜

图 289

白先胜

图 290

黑先胜

图 291

黑先胜

图 292

黑先胜

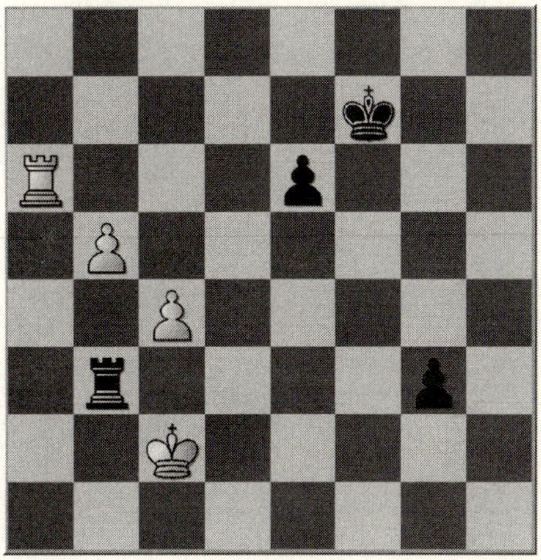

图 293

黑先胜

图 294

第七天：	完成时间：	正确题数：

白先胜

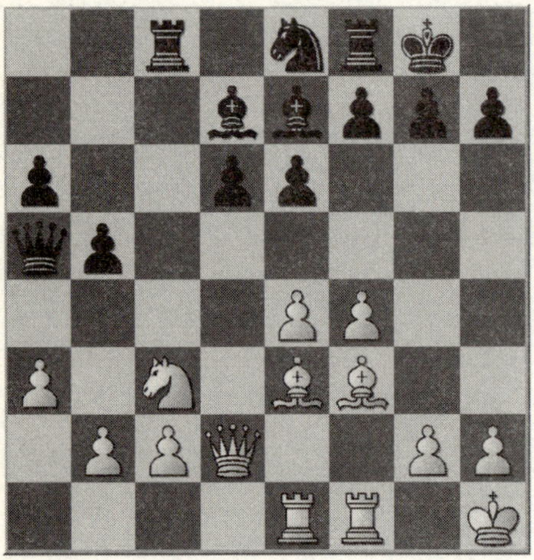

图 295

白先胜

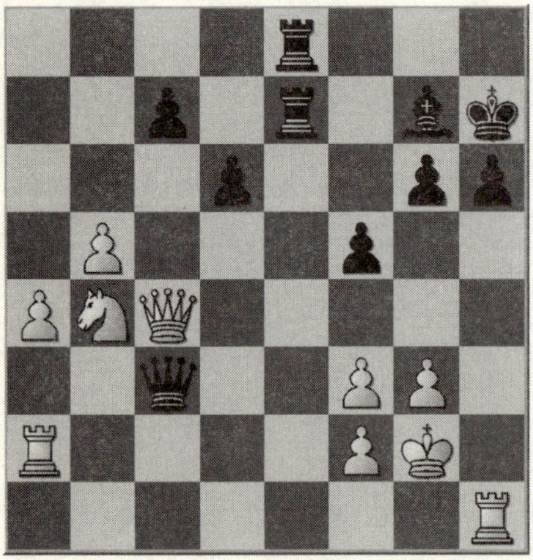

图 296

白先胜

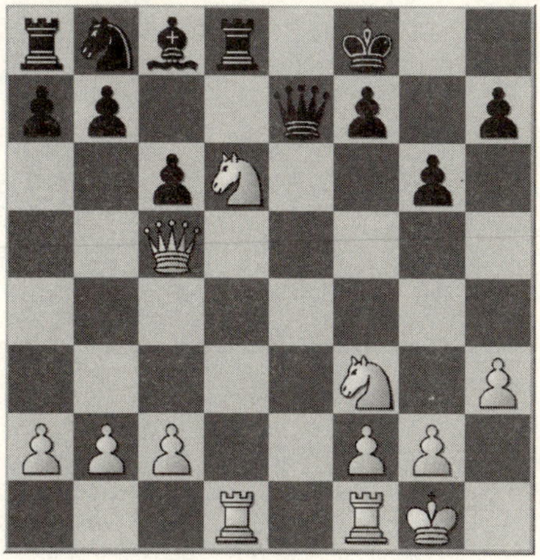

图 297

白先胜

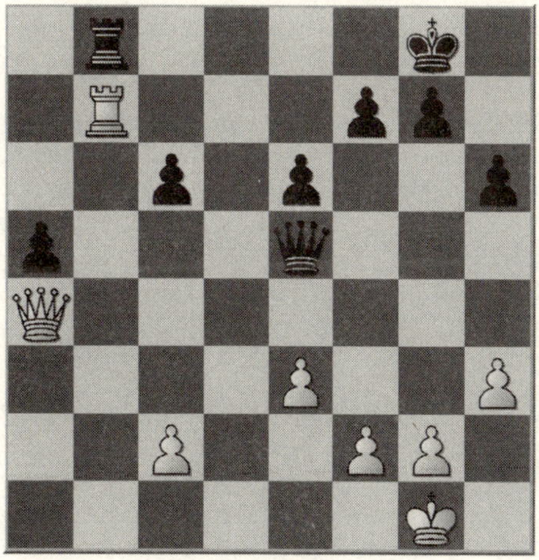

图 298

黑先胜

图 299

黑先胜

图 300

黑先胜

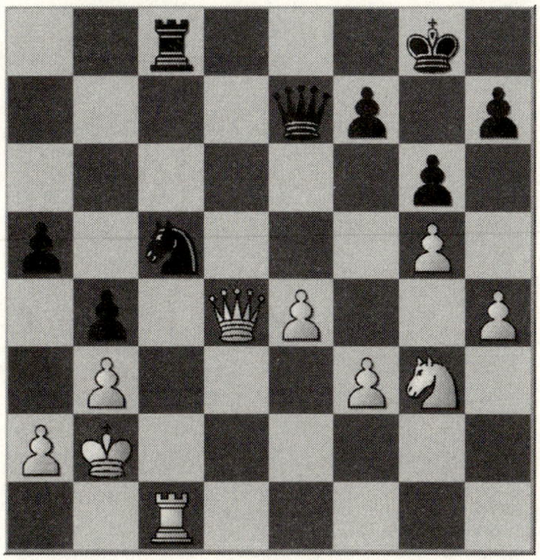

图 301

黑先胜

图 302

第二阶段：综合练习

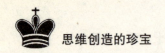

导语：两组综合练习题由不同风格特点、不同难易水平的战术习题进行组合，以测验的形式予以呈现。第一组将题目的战术类型进行提示，第二组的题目没有战术类型提示，需要棋手自己去分析局面特点，找到解题思路。请按照提示要求在规定的 45 分钟时间内解答题目，并把想出来的招法写在棋图右侧。

解题时可以直接用书上的棋图进行思考，也可以按照棋图原样将棋子摆放在棋盘或电脑软件上。需要注意的是，当面对棋盘或电脑软件上的棋图进行思考时，请把想出来的招法写在书中题目的右侧，不要在解题过程中移动棋盘或电脑上的任何棋子进行辅助思考。规定时间到了之后，停止答题，自行到本书答案部分核对结果。

一切准备就绪了吗？开始吧！

第一组：	完成时间：	正确题数：

白方先走，三步杀

图 303

白方在 f7 格弃子战术进攻取胜

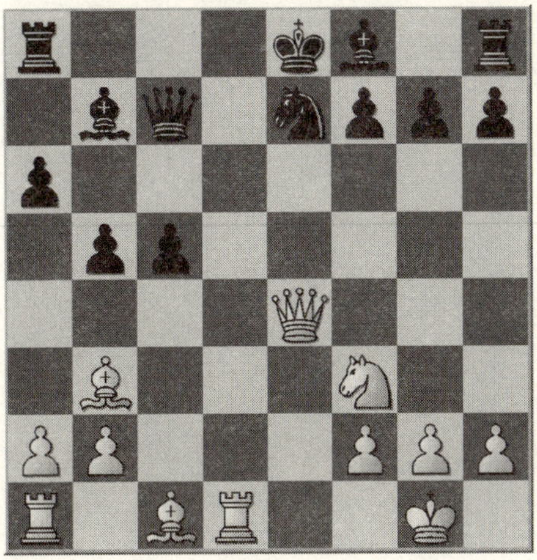

图 304

白方先走，引入战术取胜

图 305

白方先走，双重打击（击双）战术取胜

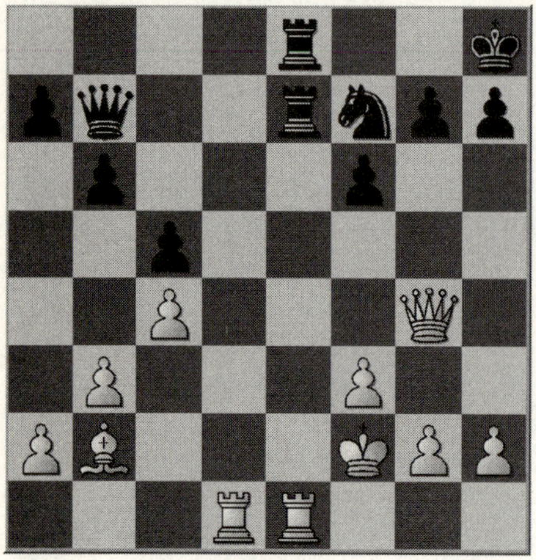

图 306

白方先走，阻截战术取胜

图 307

黑方先走，三步杀

图 308

黑方先走，h2 格弃子战术进攻取胜

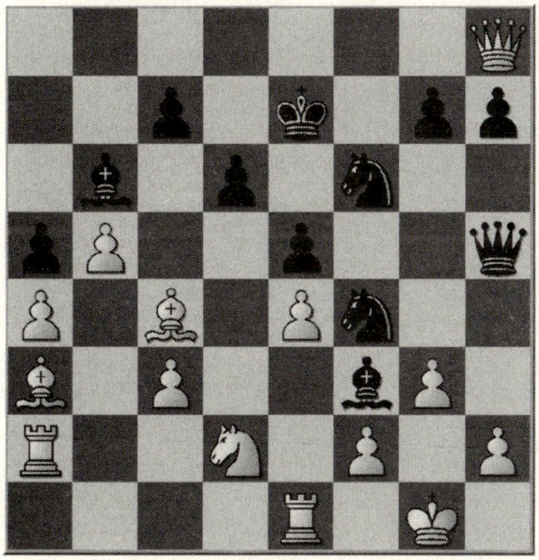

图 309

黑方先走，引离战术取胜

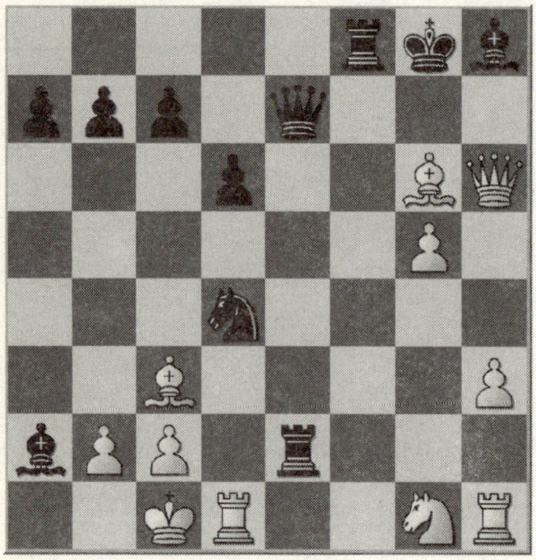

图 310

黑方先走，阻截战术取胜

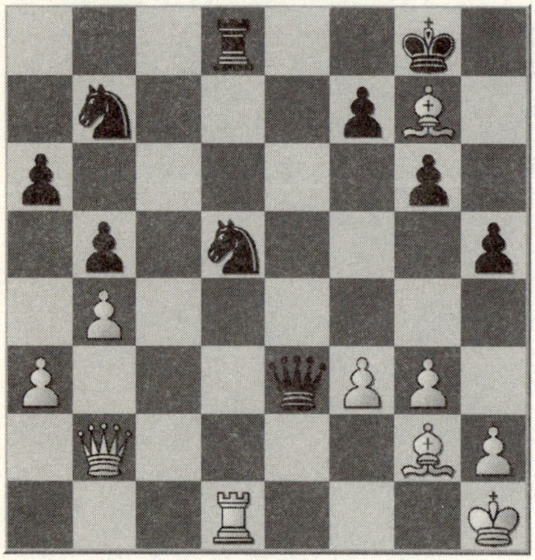

图 311

黑方先走，打开线路战术取胜

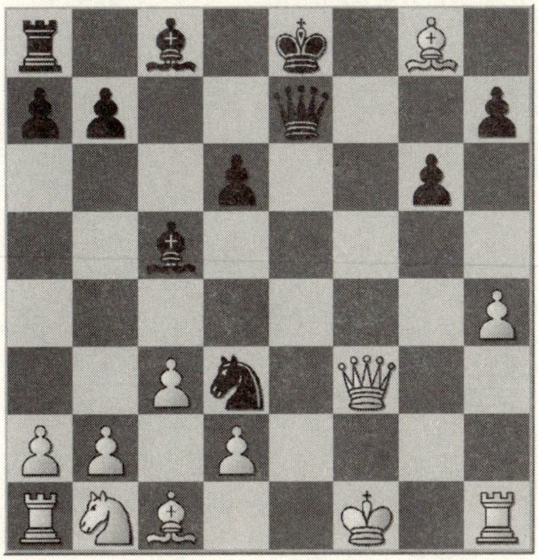

图 312

第二组：	完成时间：	正确题数：

白先胜

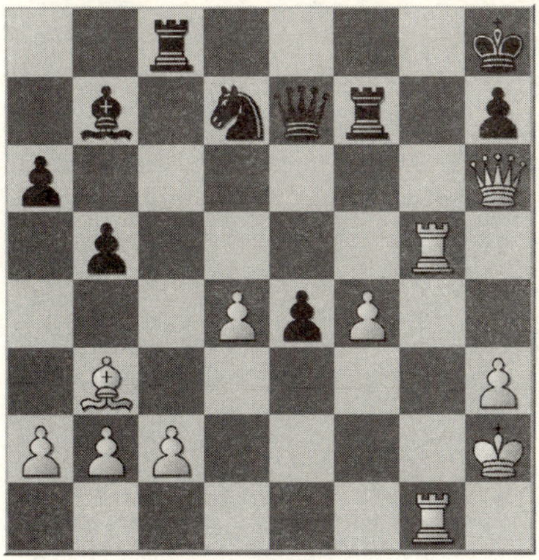

图 313

白先胜

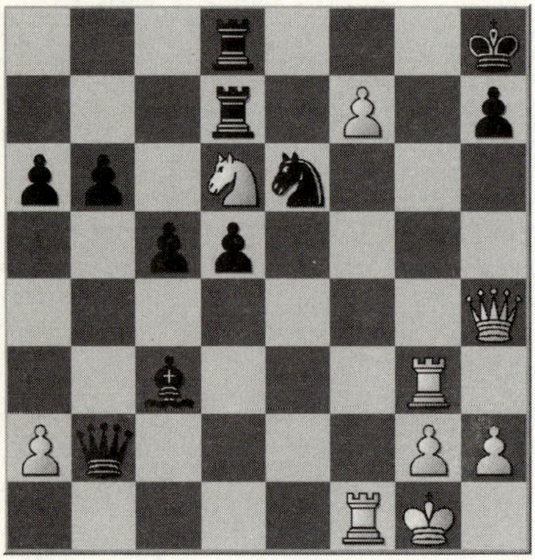

图 314

白先胜

图 315

白先胜

图 316

白先胜

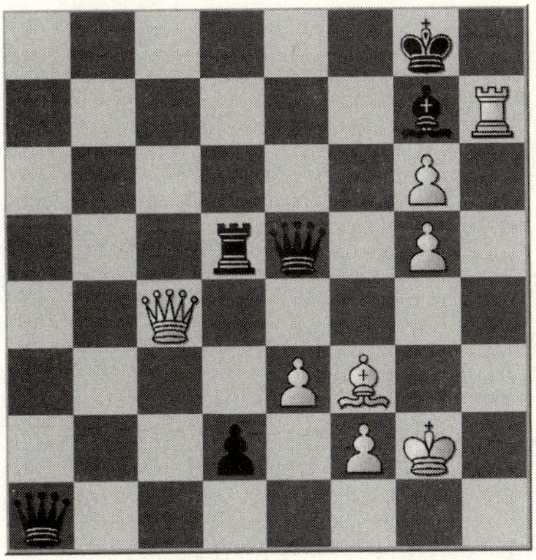

图 317

黑先胜

图 318

黑先胜

图 319

黑先胜

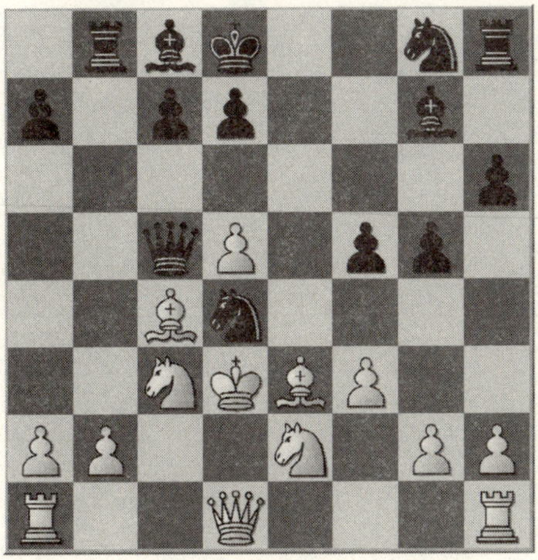

图 320

黑先胜

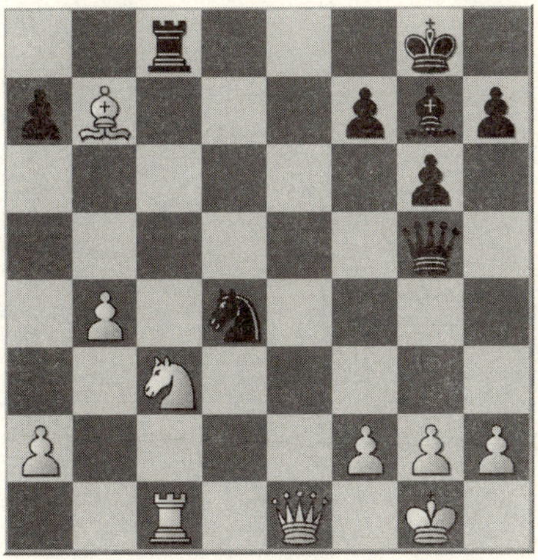

图 321

黑先胜

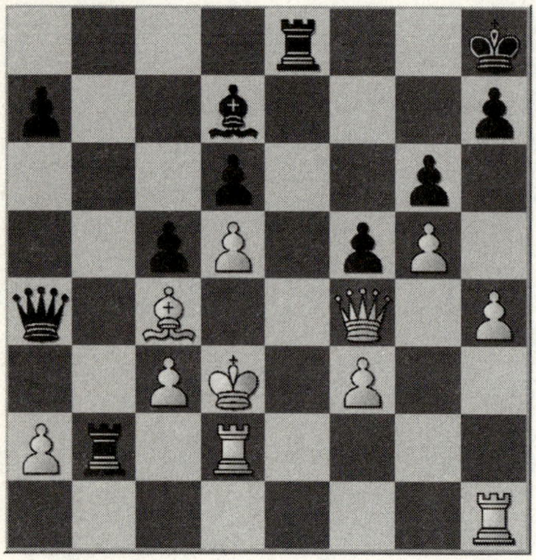

图 322

国际象棋常用符号索引

K	王
Q	后
R	车
B	象
N	马
?	坏棋
!	好棋
!!	妙招
+-	白方胜势
-+	黑方胜势
=	均势
1:0	白胜
0:1	黑胜
#	将杀
+	将军

战术答案

第二章习题答案:

图 21

1. Ne6#，白胜。

图 22

1. … Rg5#，黑胜。

图 23

1. … c×d4#，黑胜。

图 24

1. Qa6+ K×a6　2. Nc5#，白胜。

图 25

1. Rh8+ K×h8　2. Qh7#，白胜。

图 26

1. … Q×f1+　2. R×f1 f2#，黑胜。

图 27

1. … Qd3+　2. R×d3 [2. R1e2 h1R(Q)#]　2. … h1R(Q)#,黑胜。

图 28

1. N×h7+ R×h7　2. Qh6+ R×h6 [2. … Rg7　3. Q×g7#]　3. B×h6#，白胜。

图 29

1. Nb6+ a×b6　2. Q×c6+ b×c6　3. Ba6#，白胜。

图 30

1. Q×h7+ N×h7 [1. … Kf8　2. Ng6#]　2. B×h7+ Kf8 [2. … Kh8　3. Ng6#]　3. Ng6#，白胜。

图 31

1. Rf8+ Q×f8　2. R×f8+ R×f8　3. Q×g6#，白胜。

图 32

1. … Q×g2+　2. K×g2 Bf3+　3. Kf1 Nh2#，黑胜。

图 33

1. … Q×f1+　2. N×f1 R×f1+　3. K×f1 R×d1#，黑胜。

图 34

1. … h1Q+　2. K×h1 Kh3　3. N×b7 g2#，黑胜。

图 35

1. … Rf1+　2. K×f1［2. Kh2 Qh1#］　2. … Qh1+　3. Kf2 Ng4#，黑胜。

第三章习题答案：

图 39

1. Rd1！Q×e2　2. R×d8#，白胜。

图 40

1. R×g5！f×g5　2. Be5 ，白胜势。

图 41

1. Q×h6+ Kg8　2. Q×g7#，白胜。

图 42

1. Bc3 Rae8　2. Re1 Qf6　3. R×e5 R×e5　4. f4，白胜势。

图 43

1. … Qb4，黑胜势。

图 44

1. … Be2！　2. N×e2［2. Q×g5 R×d1#］　2. R×d2，黑胜势。

图 45

1. … Qc5　2. Bg4+ Kb8　3. Rd2［3. Kb2 B×e3］　3. … B×e3，黑胜势。

图 46

1. … Re2　2. Q×d4 R×g2+　3. Kh1 Rg4+　4. Qd5+ B×d5+　5. Rf3 B×f3#，黑胜。

第四章习题答案：

图 51

1. Qe4，白胜势。

图 52

1. Qc5 Be6［1. … Kh6 2. N×f5++-］ 2. Qf8#，白胜。

图 53

1. Qh5+ Kg8 2. Q×e8+，白胜势。

图 54

1. Rd5 R×d5 2. c×d5，白胜势。

图 55

1. … d4，黑胜势。

图 56

1. … Qe2，黑胜势。

图 57

1. … Ne3！ 2. f×e3 B×e3+，黑胜势。

图 58

1. … B×c4 2. Q×c4 Ne3！ 3. f×e3 B×e3+ 4. Kh1 B×g5，黑胜势。

第五章习题答案：

图 63

1. Rg8+！K×g8 2. Qg7#，白胜。

图 64

1. Rf8+ K×f8 2. Qf7#，白胜。

图 65

1. Ra8！Q×a8 2. Qh8+ Kf7 3. Q×a8，白胜势。

图 66

1. Ra7+！K×a7 2. Q×c7+ Ka6［2. … Ka8 3. Ra1+ Qa3 4. R×a3#］ 3. Ra1+ Qa3 4. R×a3#，白胜。

图 67

1. … Re1！ 2. Q×e1 N×f3+，黑胜势。

图 68

1. … Qh1+　2. K×h1 R×h3+　3. Kg1 Rh1#，黑胜。

图 69

1. … Rh1+!　2. K×h1 Qh4+　3. Kg1 Qh2#，黑胜。

图 70

1. … Qh5!　2. Qe1 [2. Q×h5 Ng3#]　2. … Ng3+　3. Q×g3 Qe2#，黑胜。

第六章习题答案：

图 75

1. Q×f6+ B×f6　2. Rg8#，白胜。

图 76

1. N×d6+ N×d6　2. Ne7#，白胜。

图 77

1. Ra1 Q×a1　2. Qc4+ e6　3. Q×e6+ Rf7　4. Q×f7#，白胜。

图 78

1. R×f6! Q×f6　2. d6+ K×d6　3. Q×f6+，白胜势。

图 79

1. … Rc2+　2. K×c2 Q×c4+，黑胜势。

图 80

1. … Rh1+　2. K×h1 Q×f2，黑胜势。

图 81

1. … Qb2!　2. Qd1 [2. R×b2 R×a1+　3. Rb1 R×b1+　4. Qd1 R×d1#]　2. … Q×f2+　3. Kh1 Q×g2#，黑胜。

图 82

1. … Qd4+　2. Kh1 Qf2!　3. Rg1 [3. R×f2 Re1+　4. Rf1 R×f1#; 3. Qb5 Re1−+]　3. … Re1，黑胜势。

第七章习题答案：

图 87

1. R×f6 Q×f6　2. Q×h7#，白胜。

图 88

1. Q×f8+ K×f8　2. Rd8+ B×d8　3. R×d8#，白胜。

图 89

1. R×d4 R×d4　2. R×e5+ K×g4　3. f3#，白胜。

图 90

1. Qh7+ Kf8　2. R×f5+！e×f5　3. Qh8+ Ke7　4. Q×g7+ Kd8　5. Q×a7，白方胜势。

图 91

1. … Q×f4［1. … Rg×g2+?　2. Kh1！(2. N×g2！)　2. … Qf2　3. N×e2！Q×f3　4. Qf4！Q×e2　5. Ne3！Rg6　6. Rf1］　2. Q×f4 Re×g2+　3. Kh1 Rg1+　4. Kh2 R6g2#，黑胜。

图 92

1. … Q×e2　2. B×e2 N×e2　3. Q×e2［3. g3 Rc1　4. Kg2 R×f1　5. K×f1 Nd4］　3. … Rc1+，黑胜。

图 93

1. … Q×d4！　2. B×d4 Nf3+　3. Kf1 Bb5+　4. Qc4 B×c4#，黑胜。

图 94

1. … R×d2　2. B×d2［2. Q×d2 Qf3］　2. … Ng5！　3. Q×g5 Qf3，黑胜。

第八章习题答案：

图 102

1. Qg7+ N×g7　2. Nh6#，白胜。

图 103

1. Qf6！Qe8［1. … Q×e7　2. Qh8#；1. … R×e7　2. Qh8#］　2. R×e8+，白方胜势。

图 104

1. f6+！Q×f6［1. … Kg8　2. Rh8+！K×h8　3. Qh6+ Kg8　4. Qg7#］　2. Qh6+ Kg8　3. Qh7#，白胜。

图 105

1. Bg7！K×g7［1. … B×g7　2. Qh7#］　2. f6+！B×f6　3. Qh7#，白胜。

图 106

1. … Qe3+!!　2. N×e3 Nd4#，黑胜。

图 107

1. … Nf2+ 2. Kg1 Nh3+ 3. Kh1 [3. Kf1 Qf2#] 3. … Qg1+ 4. R×g1 Nf2#，黑胜。

图 108

1. … Q×b2+ 2. K×b2 Nc4+ 3. Kc1 Bb2#，黑胜。

图 109

1. … Qh1+! 2. R×h1 R×h1#，黑胜。

第九章习题答案：

图 117

1. Bc6! Q×a3 [1. … Q×c6 2. Q×f8+!#; 1. … Bc8 2. B×d7] 2. R×a3，白方胜势。

图 118

1. Bg6!! R×g6 2. f×g6 f×g6 3. Q×f8#，白胜。

图 119

1. Ne8! Kg8 [1. … Rd×e8 2. Qf6+ Kg8 3. Qg7#] 2. N×c7 Bd5 3. Qf6，白胜。

图 120

1. Rg2! Rg8 [1. … Q×f3 2. Q×f8#] 2. Q×h7+! K×h7 3. Rh3#，白胜。

图 121

1. … Re3! 2. B×e3 [2. Q×e3 Nf1+; 2. R×e3 Q×d4] 2. … Nf3+，黑方胜势。

图 122

1. … Rd4! 2. e×d4 Qa4，黑胜。

图 123

1. … Bf2! 2. Qf3 [2. B×f2 Qe4+; 2. R×f2 Qg1#] 2. … Qg1+ 3. R×g1 R×g1#，黑胜。

图 124

1. … Qd3!! 2. Q×d3+ e×d3 3. Rb1 B×g4，黑方胜势。

第十章习题答案:

图 131

1. Bh8!! K×f7　2. Q×f6+ Kg8　3. Qg7#，白胜。

图 132

1. R×h7+ Nf×h7　2. Qg7#，白胜。

图 133

1. Nc6 Q×e2+［1. … b×c6　2. Re8+ R×e8　3. d×e8Q#］　2. K×e2 b×c6 3. Qb6，白方胜势。

图 134

1. Nf5!! e×f5［1. … N×f5　2. Q×c8+; 1. … Qd7　2. N×e7+ Q×e7　3. Q×c8+］2. Q×c8+ N×c8　3. Re8#，白胜。

图 135

1. … Nd3　2. c×d3 R×e3　3. Q×e3 Qg2#，黑胜。

图 136

1. … Bc5　2. B×c5 Rah8，黑胜。

图 137

1. … Q×h2+　2. K×h2 Rh8+　3. Kg1 Rh1#，黑胜。

图 138

1. … Ne3+　2. R×e3 Rf2+　3. Kg1 Qd1+，黑胜。

第十一章习题答案:

图 144

1. Qf6+ B×f6　2. B×f6#，白胜。

图 145

1. Qb8+ R×b8　2. R×b8#，白胜。

图 146

1. Bc5 Q×e2　2. R×e7+! Q×e7　3. R×e7#，白胜。

图 147

1. Rh8+ B×h8　2. R×h8#，白胜。

图 148

1. … Qh1+　2. K×h1 R×h3+　3. Kg1 Rh1#，黑胜。

图 149

1. … Qh3+!　2. Kh1［2. K×h3 Bf1#］　2. … Qf1+　3. Bg1 Q×f3#，黑胜。

图 150

1. … Q×h2+!　2. Q×h2［2. K×h2 B×e5+］　2. … B×h2+　3. K×h2 R×d1，黑方胜势。

图 151

1. … Rh1+!　2. K×h1 Q×h3+　3. Bh2［3. Kg1 Q×g2#］　3. … Q×g2#，黑胜。

第十二章习题答案：

图 160

1. Rh7+! K×h7　2. Qg7#，白胜。

图 161

1. Qc6+! B×c6［1. … Rb7　2. Q×b7#］　2. Nc7#，白胜。

图 162

1. Rc5 Q×c5　2. R×h7+ N×h7　3. Qg7#，白胜。

图 163

1. N×e6 f×e6　2. Qc3 Bf6　3. R×c8，白方胜势。

图 164

1. … b3!　2. a×b3 Nb4，黑方胜势。

图 165

1. … d4　2. N×e6［2. B×d4 Bd5+］　2. … d×e3，黑方胜势。

图 166

1. … N×e3+!　2. B×e3 Bh3，黑方胜势。

图 167

1. … Ne3+　2. R×e3 Rf2+　3. Kg1 Qd1+，黑胜。

第十三章习题答案：

图 174

1. Q×f6+ B×f6　2. Rg8#，白胜。

图 175

1. Qa4+ Q×a4 2. Nc7+ Kf8 3. R×d8+，白胜。

图 176

1. R×h7+ K×h7 2. Qf7+ Kh8 [2. … Kh6 3. Q×g6#] 3. N×g6#，白胜。

图 177

1. Nf5！Qe8 [1. … Q×c5 2. Rd8+ Qf8 3. R×f8#; 1. … e2 2. Qc8+ Qf8 3. Q×f8#] 2. Q×e5+！Q×e5 3. Rd8+，白胜。

图 178

1. … Q×g2+！ 2. K×g2 B×e5+，黑方胜势。

图 179

1. … d4！ 2. B×d4 Re2+！ 3. B×e2 Ne4+，黑方胜势。

图 180

1. … Be2 2. Q×e2 Bg3+ 3. Kg2 Qh2+ 4. Kf1 Qh1#，黑胜。

图 181

1. … Rc1！ 2. B×h7+ [2. Q×c1 B×g2+ 3. R×g2 Q×c1+，黑方得子，取得胜势。] 2. … Kh8！[2. … K×h7？ 3. Qh4+ Kg8 4. Qd8+，长将和棋。] 3. Qg3 R×g1+ 4. K×g1 Qd4+ 5. Kf1 K×h7，黑方得子，取得胜势。

第十四章习题答案：

图 191

1. Qa6！Rf8 2. Q×f6+，白胜。

图 192

1. Qc5！B×c5 2. Rd8+ Re8 3. R×e8+ Bf8 4. R×f8+ Qg8 5. R×g8#，白胜。

图 193

1. Qb4！Qc8 2. Q×b7 Q×b7 3. Re8#，白胜。

图 194

1. g4！Q×f3 [1. … h6 2. Q×h3+-] 2. Rc8+ Re8 3. R×e8#，白胜。

图 195

1. … Q×f1+ 2. K×f1 Rd1#，黑胜。

图 196

1. … R×b3+ 2. Ka1 Ra3+ 3. Kb1 Qd1+ 4. R×d1 R×d1#，黑胜。

图 197

1. … Qe4！ 2. Qc3［2. Rce2 Q×e2 3. Q×f5+ Re6！ -+］ 2. … Bd2！ 3. R×e4 B×c3，黑方胜势。

图 198

1. … Qh4！ 2. Q×e5 Qf2 3. Rg1［3. R×f2 Rc1+ 4. Rf1 R×f1#］ 3. … Q×g2+！ 4. R×g2 Rc1+ 5. Qe1 R×e1#，黑胜。

第十五章习题答案：

图 206

1. Q×b8+ Q×b8 2. c7 Qf8［2. … Q×c7 3. Re8#］ 3. c8Q Q×c8 4. B×c8，白胜势。

图 207

1. Q×g6 N×h3 2. Qg8+ R×g8 3. h×g8Q#，白胜。

图 208

1. b6 c×b6［1. … a×b6 2. c6 b×c6 3. a6］ 2. a6 b×a6［2. … b×c5 3. a×b7］ 3. c6，白方胜势。

图 209

1. Ra6 b×a6［1. … Be5 2. R×a7#］ 2. b7#，白胜。

图 210

1. … b1Q 2. R×b1［2. g8Q R×g8 3. R×b1 Rh8#］ 2. … R×b1 3. g8Q Rh1#，黑胜。

图 211

1. … Q×f6+ 2. K×f6 Bd8+ 3. Kf5 B×h4 4. N×h4 a3，黑方胜势。

图 212

1. … B×h3 2. B×e3［2. g×h3 e2+ 3. Ke1 Ng2+ 4. Kd2 e1Q+］ 2. … f×g2+ 3. Ke2 Bg4+ 4. Kd2［4. Kd3 Bf5+ 5. Ne4+ Kh2］ 4. … Nf3+ 5. Kc1 Bd4，黑方胜势。

图 213

1. … Bh6 2. Qe1［2. Qd1 Qf2+ 3. Kb1 Bd2 4. Nd5 N×d5 5. e×d5 e4］ 2. … Na4+ 3. b×a4 Qb4+ 4. Ka1 d2 5. Qg1+ Ka8 6. Nd1 Qa3 7. Qb6 Qc1+ 8. Qb1 Be3 9. N×e3 Qc3+ 10. Qb2 Q×e3 11. Qc2 Qd4+ 12. Kb1 d1Q+，黑方胜势。

第十六章习题答案：

图 223

1. Q×h7+ K×h7　2. h×g5+ Kg8　3. Rh8#，白胜。

图 224

1. Q×h7+ K×h7　2. Nf6+ kh8　3. Rh3#，白胜。

图 225

1. B×h7+ K×h7　2. Ng5+ Kg6 [2. … Kg8　3. Qh3+-]　3. Qh3，白胜。

图 226

1. B×h7+ N×h7　2. Nh6+ g×h6 [2. … Kf8　3. Ng6#]　3. Qg6+ Bg7 [3. … Kh8　4. Nf7#]　4. Qf7+ Kh8　5. Ng6#，白胜。

图 227

1. … R×h2　2. K×h2 Qh4+　3. Kg1 Qh1#，黑胜。

图 228

1. … N×h2　2. Re1 [2. K×h2 Qh4#]　2. … Nf1　3. Q×f1 Qh4#，黑胜。

图 229

1. … Q×h2+　2. K×h2 h×g3+　3. Kg1 Rh1#，黑胜。

图 230

1. … Q×h2+　2. K×h2 Ng4+　3. Kg1 Nh3+　4. Kf1 Nh2#，黑胜。

第十七章习题答案：

图 239

1. B×f7+ K×f7　2. Qb3#，白胜。

图 240

1. R×f7 K×f7　2. Qf4+ Ke6 [2. … Kg7　3. Bf8+ Kh7　4. Qf7#]　3. Qc4+，白胜。

图 241

1. N×f7 K×f7　2. Q×e6+ K×e6 [2. … Kf8　3. Ng5]　3. Ng5#，白胜。

图 242

1. N×f7 Nc5 [1. … K×f7　2. Nf4+ Kf6　3. Q×e4]　2. Ng5 N×d3　3. Nf6+ Kh8　4. Nf7#，白胜。

图 243

1. … N×f2　2. K×f2［2. B×f2　Nd3+］　2. … Ng4+　3. Kf3　f5　4. Kg2［4. Kf4　g5+　5. K×f5　d6#］　4. … Qe4+　5. Kg1　N×e3　6. N×e3　Q×e3+　7. Kg2　b6，黑胜。

图 244

1. … R×f2　2. K×f2　Bc5+　3. Kf1［3. Kg3　Qd6+　4. Kh4　Qf4+　5. Kh5　g6#］　3. … Qf6+　4. Nf3　Bc4+　5. Re2　e×f3　6. g×f3　Q×f3+　7. Ke1　Qh1+，黑胜。

图 245

1. … Q×f2+　2. K×f2　Bh4+　3. Kg1　R×f1+　4. K×f1　Re1#，黑胜。

图 246

1. … B×f2+　2. K×f2　Ng4+　3. Kg3［3. Kg1　Qb6+］　3. … h5　4. Nh4［4. Qe1　e5］　4. … Qc7+　5. Kf3　Qc3+　6. Kf4　Qe3#，黑胜。

第十八章习题答案：

第一阶段第一天：

图 247

1. Qd6+ K×d6　2. Ne8#，白胜。

图 248

1. Qg6+ f×g6［1. … Kf8　2. Q×f7#］　2. h6#，白胜。

图 249

1. … Q×h2+　2. R×h2　Rg1#，黑胜。

图 250

1. … Rd1+　2. N×d1［2. Q×d1　B×e3#］　2. … Qf1#，黑胜。

图 251

1. Q×h7+ K×h7　2. Rh4+ Kg8　3. Rh8#，白胜。

图 252

1. Nf6+ e×f6　2. e×f6　R×d1　3. Qg7#，白胜。

图 253

1. … Q×g2+［1. … Qh1+　2. B×h1　R×h1+　3. Kg2　Rh2+　4. Kf1　Bh3#］　2. K×g2　Rh2+　3. Kf1　Bh3#，黑胜。

图 254

1. … B×b2+　2. K×b2　Qc2+　3. Ka3［3. Ka1　Qc3#］　3. … Qc3#，黑胜。

第一阶段第二天：

图 255

1. B×f7+ K×f7　2. Qb3#，白胜。

图 256

1. Q×f7+ R×f7　2. Re8#，白胜。

图 257

1. … Bg1　2. R×g1 Q×h3#，黑胜。

图 258

1. … R×f1+　2. K×f1 Qd1#，黑胜。

图 259

1. Q×h7+ N×h7　2. Rf7+ Kh8　3. g7+ Kg8　4. Nh6#，白胜。

图 260

1. R×h7+ K×h7 [1. … N×h7　2. Qg7#]　2. Qh5+ Kg8　3. Q×g5+ Kf8　4. Qg7#，白胜。

图 261

1. … Bd7+　2. R×d7 Rh6+　3. Q×h6 Q×f3+　4. Kh4 Qg4#，黑胜。

图 262

1. … Re1+　2. Kh2 Rh1+　3. K×h1 Qh3+　4. Kg1 Q×g2#，黑胜。

第一阶段第三天：

图 263

1. Qc3 Rb1 [1. … Rd1　2. Na3#; 1. … Kb1　2. Na3#; 1. … Kd1　2. Ne3#]　2. Ne3#，白胜。

图 264

1. Qd7 Be6 [1. … e5　2. Qf5#; 1. … e6　2. Q×a4#]　2. Q×c7#，白胜。

图 265

1. g8B N×a7 [1. … Nd6　2. Nb6#; 1. … Ne7　2. Nb6#]　2. Bd5#，白胜。

图 266

1. Bf3 B×e5 [1. … B×f3　2. Qg6#; 1. … R×f3　2. Q×b6#; 1. … Rb2　2. Nb7#]　2. Bf8#，白胜。

图 267

1. … Qh1+!　2. R×h1 R×h1#，黑胜。

图 268

1. … Bc2+!　2. R×c2 [2. K×c2 R×a2+]　2. … Ra3#，黑胜。

图 269

1. … Bg6+! 2. Q×g6 [2. Ke5 Qd4#] 2. … Qc2+，黑胜。

图 270

1. … Bg5! 2. Q×g5 Nh3+，黑胜。

第一阶段第四天：

图 271

1. Bh3! Qe6 [1. … B×h3 2. Qg5+ Kh7 3. Qh5+ Bh6 (3. … Kg8 4. Qh8#) 4. Q×f7+ Bg7 5. Q×g7#] 2. Qg5+ Bg6 3. B×e6，白胜。

图 272

1. R×f6! Q×f6 2. R×b6 Qf1+ [2. … Q×b6 3. Q×g7#; 2. … R×b6 3. Qc8+ Qd8 4. Q×d8#] 3. Kh2，白胜。

图 273

1. Qc4! d5 [1. … R×c4 2. R×f8#; 1. … Q×e8 2. Qg8#] 2. Q×c8，白胜。

图 274

1. B×g6+! K×g6 2. Qa6+ Kh7 [2. … Kf7 3. Qa2+; 2. … Kg5 3. f4+] 3. Qd3+，白胜。

图 275

1. … Qg1+! 2. K×g1 N×e2+ 3. Kf2 N×c1，黑胜。

图 276

1. … Rg3+ 2. Kc2 Rg2+ 3. Kb1 R×b2+ 4. K×b2 R×d5!，黑胜。

图 277

1. … d3! 2. B×d3 e4，黑胜。

图 278

1. … Be2 2. Q×e2 Bg3+ 3. Kg2 Qh2+ 4. Kf1 Qh1#，黑胜。

第一阶段第五天：

图 279

1. Qh6!! B×h6 2. R×h6，白胜。

图 280

1. Q×g6+ f×g6 2. Be6+ Kh7 3. Kg3+ Bh6 4. R×h6#，白胜。

图 281

1. Rf8+! R×f8 [1. … K×f8 2. N×d7+] 2. Q×e5，白胜。

图 282

1. Qb4! Rb8 [1. … Q×b4 2. R×d8+ Kg7 3. Rg8+ Kh6 4. Rf6#] 2. Qd4+

Qg7 3. Rd8+，白胜。

图 283

1. … Qf2+! 2. Q×f2 Rh5+ 3. B×h5 g5#，黑胜。

图 284

1. … Rd2! 2. f×g4 [2. Q×d2 B×f3+ 3. Kg1 Qg5+ 4. Kf1 Qg2#] 2. … R×e2 3. R×e2 f3，黑胜。

图 285

1. … Qc4+!! [1. … Rh2 2. Q×f8+ K×f8 (2. … Kh7 3. Q×g7#) 3. Re8#] 2. B×c4 Rh2，黑胜。

图 286

1. … Q×d5! 2. e×d5 Bf5+ 3. Qc2 [3. Kc1 Ra1#] 3. … Ra1+! 4. K×a1 B×c2，黑胜。

第一阶段第六天：

图 287

1. Bh3! B×h3 [1. … Bb7 2. f×e5!] 2. f5!，白胜。

图 288

1. Bc6! Q×a3 [1. … Q×c6 2. Q×f8+!；1. … Bc8 2. B×d7] 2. R×a3，白胜。

图 289

1. Rd8+! R×d8 [1. … B×d8 2. Qe8#] 2. Q×b7，白胜。

图 290

1. Re4! R8×e4 2. Q×g5+ Kf8 3. Qf6! Ke8 4. N×d6+ Kf8 5. N×e4 R×e4 6. d6，白胜。

图 291

1. … Qd3!! 2. Q×d3+ e×d3 3. Rb1 B×g4，黑胜。

图 292

1. … Re3! 2. B×e3 [2. Q×e3 Nf1+； 2. R×e3 Q×d4] 2. … Nf3+，黑胜。

图 293

1. … Rb1! 2. K×b1 [2. Ra7+ Kf6 3. Ra8 g2 4. Rg8 g1Q 5. R×g1 R×g1] 2. … g2，黑胜。

图 294

1. … Bf2! 2. Qf3 [2. B×f2 Qe4+；2. R×f2 Qg1#] 2. … Qg1+ 3. R×g1

R×g1#，黑胜。

第一阶段第七天：

图 295

1. Nd5！Bd8　2. Ne7+ Kh8　3. N×c8，白胜。

图 296

1. R×h6+！K×h6［1. … B×h6　2. Q×c3］　2. Qh4#，白胜。

图 297

1. Nf5！B×f5［1. … Q×c5　2. R×d8#］　2. R×d8+，白胜。

图 298

1. Qd4！R×b7［1. … Q×d4　2. R×b8+ Kh7　3. e×d4］　2. Q×e5，白胜。

图 299

1. … Qf3！　2. N×h3［2. Q×f3 R×e1#］　2. … Q×c3，黑胜。

图 300

1. … Qc6！　2. Q×c6［2. Kg2 R×d1；2. Qd3 R×d1+　3. Q×d1 Q×b5］　2. … R×d1+　3. Kg2 b×c6，黑胜。

图 301

1. … Qe5！　2. Q×e5［2. Rd1 Q×g3］　2. … Nd3+　3. Kb1 R×c1#，黑胜。

图 302

1. … Rc1+！　2. R×c1［2. N×c1 Qd1#］　2. … Q×b7，黑胜。

第二阶段第一组：

图 303

1. Q×h7+ K×h7　2. h×g6+ K×g6　3. Rh6#，白胜。

图 304

1. B×f7+ K×f7　2. Ng5+ Ke8　3. Qe6 Bd5　4. R×d5，白胜。

图 305

1. Q×f8+ K×f8　2. Bh6+ Kg8　3. Re8#，白胜。

图 306

1. Rd7！Nh6［1. … Ne5　2. R×e5］　2. Q×g7+ K×g7［2. … R×g7　3. R×e8+ Ng8　4. R×b7 R×b7　5. B×f6+］　3. R×b7 R×b7　4. R×e8，白胜。

图 307

1. Be5！R×e5　2. Ne8 Nf5　3. Nf6+ Kh8　4. Qg8#，白胜。

图 308

1. … Q×h3　2. N×h3 R×h3　3. Be2 Rh1#，黑胜。

图 309

1. … Q×h2+ 2. K×h2 Ng4+ 3. Kg1 Nh3+ 4. Kf1 Nh2#，黑胜。

图 310

1. … Qe3+ 2. Bd2 Q×d2+ 3. R×d2 Rf1+ 4. Rd1 Nb3+ 5. c×b3 B×b2#，黑胜。

图 311

1. … Nf6! 2. R×d8+ N×d8 3. Qa1 [3. B×f6 Qe1+ 4. Bf1 Q×f1#] 3. … K×g7，黑胜。

图 312

1. … Bh3+ 2. R×h3 [2. Q×h3 Qe1+ 3. Kg2 Qf2#；2. Qg2 Qe1#] 2. … Qe1+ 3. Kg2 Qg1#，黑胜。

第二阶段第二组：

图 313

1. Q×h7+ R×h7 [1. … K×h7 2. Rh5#] 2. Rg8+ R×g8 3. R×g8#，白胜。

图 314

1. Q×d8+ R×d8 2. f8Q+ R×f8 3. R×f8+ N×f8 4. Nf7#，白胜。

图 315

1. Q×f7+ R×f7 2. Re8+ Nf8 3. Ne7+ N×e7 4. B×f7#，白胜。

图 316

1. N×h7 K×h7 2. B×h6 g6 3. Q×g6+ f×g6 4. B×f8#，白胜。

图 317

1. Qc8+ Bf8 2. Rh8+! K×h8 [2. … Q×h8 3. Qe6+ Kg7 4. Qf7#] Q×f8+#，白胜。

图 318

1. … Q×f2+ 2. K×f2 Bh4+ 3. Kg1 R×f1+ 4. K×f1 Re1#，黑胜。

图 319

1. … B×h2+ 2. K×h2 Rh6+ 3. Kg1 Ng3 4. Qd1 Qh4 5. Qc2 [5. f4 Qh2+ 6. Kf2 Nf6 7. Nef3 Ng4+ 8. Ke1 Q×g2] 5. … Nh1，黑胜。

图 320

1. … Q×c4+! 2. K×c4 Ba6+ 3. Nb5 N×b5，黑胜。

图 321

1. … Q×c1! 2. Q×c1 R×c3! 3. Qe1 Rc1 4. Q×c1 Ne2+，黑胜。

图 322

1. … Re4! 2. f×e4 Q×c4+!! 3. Ke3 Q×c3+ 4. Rd3 Qc2，黑胜。

后记

如果把国际象棋比喻为智慧的体操，那么战术组合无疑是整套体操动作中难度最高、最具挑战的部分。有别于那种符合棋理要求的计划制订，抛开循序渐进式的按部就班走法，战术组合是一连串极具冲击力的招法。一切仿佛就在突然间发生了。战术组合最能体现棋手思维的创造性，最能体现国际象棋棋局本身所蕴涵的独特魅力。

赛场上最令人津津乐道的对局不一定是冠军下出来的，而是能够充分体现棋手创造性思维，甚至让人有点百思不得其解的那盘棋。比赛时曾经有过很多次这样的经历，苦心构思了一个精巧的攻击计划，眼瞅着对手一步步落入圈套时心中的幸福感不是简单赢棋就可以描述的。一盘充满激情的对局带给棋手的是怎样的享受啊！那是属于思维创造的胜利，胜利带来的是发自内心的无限的满足感！

战术组合的特点就在于超出常规，就是那些令人初看以为是走错了的招法。战术组合意味着眼花缭乱的弃子和势如破竹的攻击效果。战术组合指的不是一盘棋当中的某一步好棋，而是连贯的、带有强制性的系列招法的组合。战术组合通常与先弃后取的战法紧密相连。一方运用非常规的、以弃子为代价的招法来实现眼前或者是长远的目标。

战术组合需要灵感，需要棋手在棋局山重水复疑无路之时，突然发现前方曲径通幽、小道通达、柳暗花明的目标。当人们赞叹某些棋手进攻能力强，局面嗅觉敏锐的时候，实际上正是这些棋手突出的战术组合能力在发挥作用。棋手能否在看似平常的棋局中发现机会、制订计划，继而找出正确的招法成功实施战术组合，获取理想局面，这是一种能力。本书将根据国际象棋不同战术组合的特点加以分析讲解，辅以适量的同类型习题供读者进行练习，以期达到棋艺知识巩固的效果。

中国棋手以善于攻杀、精于计算著称，突出的战术攻击能力逐步成为中国棋手的一种特长甚至是独特的风格，在世界棋坛刮起了一股中国流派之风。

记得自己棋艺水平提高最快的那个阶段，每天都会被教练“逼”着做战术习题。题目做得顺利时，满心欢喜，似乎找到了解题的妙招，相信自己能立刻成为一名高手。而更多的时候，则是找不到攻杀的手段或者在计算过程中卡壳，怎样想都看不到胜利的希望，于是便跟手里的棋书生闷气，甚至把自己锁在厕所里，一个人苦思“臭”想作为惩罚。不知不觉间，自己的战术攻击能力慢慢提高了，从不断提升的比赛成绩中看到了自己的进步。没错，技战术能力的提高不会突然发生在某一天，或者幻想着什么时候突然脑袋开窍想明白了棋中的门道，唯有通过平时训练学习过程中针对不同局面特点背后所蕴涵的规律进行总结，并辅以相应的习题思考、计算，进行知识强化，才有可能达到预期目标。棋手在比赛时能否抓住稍纵即逝的战术组合机会，依靠的是实力，而这种实力是通过平时的点滴积累和有针对性的专项训练得来的。在通向棋艺的顶峰途中没有捷径，唯有不断挑战自身潜能，进行学习和训练，才能实现目标。

国际象棋百媚生，战术组合花独艳！期待着热爱国际象棋的朋友们不断创造出属于自己的对局佳构！

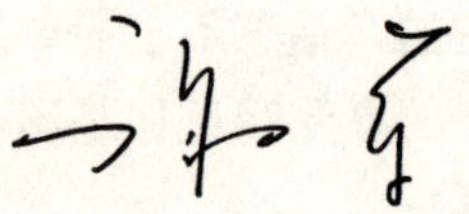

2013 年 10 月 1 日于北京